In dieser Reihe sind
bisher erschienen:

Richtig Badminton
Richtig Basketball
Richtig Carven
Richtig Fitness-Skating
Richtig Fußball
Richtig Golf
Richtig Golf länger und genauer
Richtig Golf rund ums Grün
Richtig Inline-Skating
Richtig Jogging
Richtig Marathon
Richtig Mountainbiken
Richtig Muskeltraining
Richtig Paragliding
Richtig Reiten
Richtig Rennradfahren
Richtig Schwimmen
Richtig Segeln
Richtig Snowboarding
Richtig Stretching
Richtig Teakwondo
Richtig Tanzen 1
Richtig Tanzen 2
Richtig Tanzen 3
Richtig Tauchen
Richtig Tennis
Richtig Tennistraining
Richtig Tischtennis
Richtig Torwarttraining
Richtig Walking
Richtig Yoga

RICHTIG

BLV SPORTPRAXIS TOP

Patric Muders

Torwart-training

blv

Die Deutsche Bibliothek –
CIP-Einheitsaufnahme

Ein Titeldatensatz für diese Publikation
ist bei Der Deutschen Bibliothek erhältlich.

Demonstration:
Christian Bieser
Sascha Gritz
Timo Haas
Roman Weidenfeller

BLV Verlagsgesellschaft mbH
München Wien Zürich
80797 München

BLV Sportpraxis Top

Lektorat: Maritta Kremmler
Herstellung: Manfred Sinicki
Layout/Satz: Volker Fehrenbach

Druck: Appl, Wemding
Bindung: Großbuchbinderei Monheim, Monheim
Gedruckt auf chlorfrei gebleichtem Papier

Printed in Germany · ISBN 3-405-15966-0

Patric Muders, Jahrgang 1972, ist Lehramtsanwärter für Grund- und Hauptschulen in den Fächern Sport, Arbeitslehre und Erdkunde.
Als Torhüter spielte er bei Verbands- und Oberligisten und gehört momentan der Oberligamannschaft von Hassia Bingen an. Dort ist er auch als Fördertrainer, Torwarttrainer und B-Jugend-Regionalligatrainer tätig. Die Trainer-B- und -A-Lizenz erwarb er in jungen Jahren. Für die Zukunft strebt er die Fußballlehrer-Lizenz des DFB an.

Bildnachweis

B+S Pressefotografie/H. Beisel: S. 4, 19, 38, 39, 40, 41, 42, 43 ,44, 45, 46, 47, 48, 49, 50, 51
Bongarts: S. 15 unten, 28
Bongarts/Gunnar Berning: S. 30
Bongarts/Marcus Brandt: S. 69
Bongarts/Mark Sandten: S. 22
GettyOne Stone: S. 70
Archiv Karl-Heinz Huba: S. 10
Maria Mühlberger; S. 2, 72, 74, 75
Hans Rauchensteiner: S. 7, 25, 26, 32, 36, 56, 65, 66, 73, 76, 123, 124
Archiv Sport Reusch: S. 15 oben
Sportimage: S. 20/21, 120
Sportimage/Presse Sports: S. 8, 12
Ullstein Bilderdienst: S. 118, 126

Grafiken: Jörg Mair
Umschlagfotos: Hans Rauchensteiner (Vorderseite), Lorenz Baader (Rückseite)

Die im Buch abgebildeten Trainingsmaterialien sind erhältlich bei BFP-Versand, Anton Lindemann, 26789 Leer. Die abgebildete Sportbekleidung bei Sport Weber, 67574 Osthofen, und bei Sport Reusch, 7255 Metzingen.

Vorwort

Einen großen Teil meiner Freizeit widme ich dem Fußballsport, der schönsten Nebensache der Welt. Ich habe als Trainer von Senioren gearbeitet und engagiere mich derzeit als Torwarttrainer von Jugendlichen. Diese Aufgabe und meine eigene Tätigkeit als Torwart einer Fußballmannschaft veranlassen mich, jede Gelegenheit zu nutzen, mich in diesem Themenfeld weiterzubilden. Das eigene Training und das Training mit den Jugendlichen haben mich schließlich dazu bewogen, eine neue Konzeption für das Torwarttraining zu erarbeiten. Denn es wurde Zeit, dass der Torwart eine ähnliche Aufmerksamkeit erhält wie die Feldspieler. In diesem Buch wird eine Trainingskonzeption für Torhüter umgesetzt, die es für den Feldspieler schon lange gibt.
Fußball gehört wie Basketball, Handball, Volleyball und Hockey zu den Mannschaftsspielen. Als Wettkampfsport bietet er die Möglichkeit des Leistungsvergleichs zwischen einzelnen Gruppen. Aber warum fasziniert ausgerechnet Fußball die Massen so stark? Das hat verschiedene Gründe: Der direkte Zweikampf begeistert die Fans; das unkomplizierte Regelwerk macht das Spiel leicht verständlich; die Aktionen der Stürmer und Torwarte lösen je nachdem Freude oder Enttäuschung aus; diverse andere Gegenstände können den Ball ersetzen und ermöglichen ein komplexes Spiel schon im frühen Kindesalter.
Die Stellung des Torhüters ist eine besondere innerhalb der Mannschaft. Oft werden Torhüter als »Spinner« bezeichnet. Nicht nur weil sie im Fußball die Hände einsetzen, gelten sie als Sonderlinge.
Natürlich wirkt es auch sonderbar, wenn ein Torwart nach einem Ball hechtet, obwohl sich sonst keine Person auf dem Spielfeld befindet. Oder er hängt vor dem Spiel ein Handtuch ins Netz und legt seine Tasche ins Tor. Man kann sich als Beobachter kaum ein Schmunzeln verkneifen, und so wird das Vorurteil des »Spinners« manifestiert.
In diesem Buch sollen ein paar dieser Vorurteile ausgeräumt werden. Es werden Trainingsmethoden angeboten, die den Torhütern sicher eine Menge Spaß bereiten und ihre Leistungen steigern – auf dass alle viel Freude mit diesen einzigartigen Mannschaftssportlern haben.

Patric Muders

Inhalt

Vorwort 5

Sportgeschichte 9

Geschichte des Fußballsports 9

Geschichte des Torwartspiels 10

Allgemeines für das Torwarttraining 13

Torwartausrüstung 14
- Torwarttrikot 14
- Torwarthose 14
- Torwarthandschuhe 14
- Fußballschuhe 16
- Sonstige Ausrüstung 16

Trainingsgelände 17

Trainingsgeräte 18

Trainingswetter 20

Persönlichkeit des Torwarts 23

Selbstsicheres Auftreten 23

Verhältnis Torwart – Trainer 24

Verhältnis Torwart – Mannschaft 25

Körperliche Voraussetzungen 27

Konstitutionelle Faktoren 27

Konditionelle Faktoren 29
- Ausdauer 30
- Kraft 31
- Schnelligkeit 32
- Beweglichkeit 33
- Koordination 34

Torwartspezifische Grundlagen 37

Torwartspezifische Techniken 37
- Gundstellung 38
- Allgemeines zum Aufnehmen und Fangen von Bällen 39
- Aufnehmen flacher Bälle 40
- Fangen halbhoher Bälle 40
- Fangen hoher Bälle 42
- Fausten 43
- Fausten mit einer Faust 44
- Fausten mit zwei Fäusten 45
- Hechten 46
- Abstoß, Abschlag 48
- Abrollen, Abwurf 50

Torwartspezifische Taktik 52
- Stellungsspiel 52
- Eins gegen Eins, Herauslaufen 54
- Standardsituationen 54
- Angriff 55

Trainingswissenschaftliche Grundlagen 57

Trainingsplanung 57

Trainingsziele 60

Trainingsinhalte 61

Belastungsmethoden 61

Erziehungsmethoden 64

Vermittlungsmethoden 64

Altersgemäße Trainingsgrundsätze 67

Bambini, F-, E-Jugend (4 bis 10 Jahre) 67

D-Jugend (10 bis 12 Jahre) 67

C-Jugend (12 bis 14 Jahre) 68

B-Jugend (14 bis 16 Jahre) 68

A-Jugend (16 bis 18 Jahre) 69

Das neue Trainingskonzept 71

Trainingseinheit 71

Aufbau der Trainingseinheit 71

Durchführung der Trainingseinheit 72

Aufwärmen 73

Ausklang 74

Praktische Tipps 75

40 Trainingseinheiten 77

Berühmte Torhüter 119

Literaturverzeichnis 127

Der Torhüter

Der Torhüter teilt das Schicksal der Hausfrau: Macht er alles richtig, lobt ihn niemand, macht er einen einzigen erkennbaren Fehler, kriegt er großen Ärger. Im Gegensatz zu seinen Mitspielern kann er nicht anderen die Schuld für sein Versagen zuschieben. Seine Aufgabe ist denkbar simpel, die Ausführung indes ist denkbar schwierig: Er soll, anders als seine Mitspieler, ausschließlich erhalten und verhindern, ist also der geborene Spielverderber. Mit dem Ball steht er von Kindesbeinen an auf Kriegsfuß und hat, da er das Spiel mit dem Fuß nicht beherrscht, in seiner Jugend etliche Zurückweisungen hinnehmen müssen. Dennoch will er dazugehören. Er ist ehrgeizig, in sich gekehrt und ordentlich; er liebt das Rechteck und schließt nur schwer Freundschaften. In der Gemeinschaft ist er einsam. Ausgerechnet jene Menschen, die ihm geistig am nächsten stehen (nämlich andere Torhüter), betrachtet er als seine natürlichen Feinde. Es kann nur einen geben, und das ist er. Der Torhüter schwebt lebenslänglich zwischen Paraden und Frust. Sind die Götter mit ihm, hat er bestenfalls das Gefühl, das Mögliche erreicht zu haben; sind die Götter gegen ihn, wird er unglücklich oder wahnsinnig.*

* Beckmann, R. und Bötcher, S.: Liebesleder S. 50

Der brasilianische Nationalkeeper Gilmar (S. 119) im Flug.

Sportgeschichte

Geschichte des Fußballsports

Die Geschichte des Fußballspiels begann vor etwa 4000 Jahren. Alte Grabzeichnungen aus Ägypten belegen, dass schon weit vor 2000 v. Chr. ein Ball mit dem Fuß gespielt wurde. Das Regelwerk Ts'uh Küh aus China datiert auf das 3. Jahrhundert v. Chr. »Ts'uh« bedeutet mit dem Fuß stoßen und »Küh« Ball. Damals haben Soldaten des chinesischen Kaisers eine mit Federn und Haaren gefüllte Lederkugel mit den Füßen auf ein den Basketballkörben ähnliches Ziel gespielt.
In Japan ist aus dem 5. und 6. Jahrhundert n. Chr. das Spiel Kemari überliefert, das heute noch bei kultischen Anlässen durchgeführt wird. Dabei versuchen die im Kreis stehenden Spieler, einen Ball, als Symbol für die Sonne, mit den Füßen in der Luft zu halten.
Weiterhin kennt man von anderen Völkern und Kulturen Spiele, die ähnliche Grundzüge aufweisen, wie sie im heutigen Fußballspiel zu finden sind: von den Griechen das Episkyros, von den Römern das Harpastum und das Calcio. Auch von den Indianern Nordamerikas sind fußballähnliche Spiele bekannt, und die Eskimos vergnügten sich bereits mit Ballspielen auf Tore, bevor es den Fußballsport unserer Tage gab.

Das moderne Fußballspiel entwickelte sich über Jahrhunderte in England und Schottland, wobei sein Ursprung auf die Römer zurückgeht, welche bei ihren Feldzügen die Idee, eine Kugel mit dem Fuß zu bewegen, auf die Insel brachten. Im Mittelalter wurde überall auf Englands Straßen und Feldern Fußball gespielt. Wegen Verletzungen, Ausschreitungen und unerlaubter Wettspiele setzte die Obrigkeit jedoch dem Spaß ein Ende und erklärte das Spiel für gesetzeswidrig. Somit geriet es bis zu Beginn des 19. Jahrhunderts fast in Vergessenheit.
Die Engländer halten sich übrigens gar nicht für die Erfinder des Fußballsports, jedenfalls nicht für die des Urfußballs, in dem es noch keine festen Spielregeln gab. Dieses frühe Fußballspiel stellte zunächst mehr eine derbe Volksbelustigung dar, in der es darum ging, den Gegner durch das Stadttor zu treiben. Das Stadttor war die Aus- und Eingangspforte, um die sich der Kampf mit dem runden Leder drehte. Das Spiel wurde auf dem Marktplatz begonnen. Zwei feindliche Haufen wälzten sich im Kampf um den Ball hin und her durch die Straßen. Jeder durfte mitspielen. Es war ein echter Volksfußball, bei dem es auch heftige Stöße gab und bei dem Knochenbrüche und andere Verletzungen an der Tagesordnung waren. Brach ein solches Fußballspiel aus, schlossen die Geschäftsleute rasch ihre Läden. Denn mit dem hin und her gestoßenen Ball wurde nicht selten auch die eine oder andere Fensterscheibe zertrümmert.

Straßenfußball in London, 1721.

Treffender als die Bezeichnung Englands als »Mutterland des Fußballs« wäre »Wiege des modernen Fußballsports«. Denn auf der Insel entwickelte sich zuerst das Fußballspiel mit einem ausgearbeiteten Regelwerk. Fußball wurde in den Dienst der Erziehung gestellt und mit feststehenden Regeln an verschiedenen Schulen gespielt. Bekannt waren die Schulen von Eton, Harrow, Winchester und vor allem in Rugby, wo Dr. Thomas Arnold 1846 erste verbindliche Regeln schuf. Diese Regeln sind noch heute die Grundlagen für das Rugbyspiel. Im Streit trennten sich 1863 einige Schulen, unter anderem die Universität Cambridge, vom Rugbyspiel, einigten sich auf eigene Regeln und begründeten so das heute bekannte Fußballspiel. Damit kann das Jahr 1863 als die Geburtsstunde des modernen Fußballs bezeichnet werden.
Die Gründung des weltweit ersten Fußballverbands erfolgte am 26. Oktober 1863 in London. Der Deutsche Fußball Bund (DFB) wurde am 28. Januar 1900 und der Weltfußballverband (FIFA) 1904 ins Leben gerufen. Bis zur Gründung der internationalen Regelbehörde 1882 gab es vielfache Regeländerungen. 1872 kann gewissermaßen als das Geburtsjahr des Torwarts angesehen werden, denn von diesem Zeitpunkt an darf nur noch ein Spieler den Ball mit den Händen fangen. Doch gibt es immer wieder Regelkorrekturen. Die Zahl der Einwechselspieler wurde geändert, die Rückennummern wurden eingeführt, das Abseitsspiel wurde entschärft usw. Jedoch ist die Spielidee bis heute die gleiche geblieben: Es stehen sich zwei Mannschaften gegenüber, die einen Ball in das gegnerische Tor befördern möchten und das nur mit den Füßen – einzige Ausnahme, der Torwart.

Geschichte des Torwartspiels

Die Möglichkeit, den Ball mit den Händen zu spielen, wurde 1872 lediglich einem Spieler – dem heutigen Torwart oder Torhüter – erlaubt. Er durfte dies in der gesamten eigenen Spielfeldhälfte. 1903 wurde der 16-Meter-Raum eingeführt, und der Torwart darf nur noch in diesem Abschnitt den Ball mit den Händen fangen.
Durch die Veränderungen des Fußballspiels sind immer wieder Regeln

angepasst oder neu geschaffen worden, die das Fußballspiel interessanter machen sollen. Davon ist auch das Torwartspiel betroffen. Besonders in den Anfängen des Fußballs wurden verschiedene Regeln eingeführt bzw. verändert. Ab 1906 durfte der Torwart beim Elfmeter die Torlinie nicht mehr verlassen, sich aber auf derselben hin und her bewegen. 1929 wurde diese Regel wieder verworfen, und der Torwart durfte sich bis zur Ausführung des Strafstoßes nicht mehr bewegen. 1996 kehrte man zu der Regel von 1906 zurück, und der Torhüter darf sich nun wieder bis zur Ausführung des Strafstoßes auf der Linie bewegen. Eine andere Regel schreibt ab 1921 dem Torhüter vor, bei internationalen Auftritten einen dunkelgelben Pullover zu tragen, damit er sich von den Feldspielern unterscheidet. Diese Regel wurde so umformuliert, dass der Torwart sich ganz allgemein in seiner Kleidung deutlich von jener der Feldspieler abheben muss.
Viele Jahre veränderte sich das Torwartspiel nicht, doch seit den Achtzigerjahren ist der Torwart immer mehr in den Mittelpunkt gerückt. Der Ball konnte zu ihm zurückgespielt werden, und er durfte ihn dann mit den Händen aufnehmen; so wurde er immer mehr zum taktischen Mittel. Dieses Spiel hat man oftmals minutenlang praktiziert. Deswegen wurde 1982 die Vier-Schritte-Regel eingeführt, die dem Torwart nur noch vier Schritte mit dem Ball in den Händen gestattete. Entscheidenden Einfluss auf das Torwartspiel nahm die 1992 eingeführte Rückpassregel. Danach dürfen absichtlich gespielte Rückpässe vom Torwart nicht mehr mit den Händen gespielt werden. Seit 1997 dürfen auch Einwürfe nicht mehr vom Torwart mit den Händen angenommen werden. Bei Vergehen werden indirekte Freistöße als Strafe verhängt. Mit dieser Regel ist der Torwart viel mehr als Feldspieler gefragt. Denn nun muss er Bälle stoppen und passen und kann nicht mehr alle Bälle mit den Händen spielen.
Neben den Regeln muss der Torwart auch seinen Arbeitsraum kennen. Die Tore selbst sind 7,32 Meter breit und 2,44 Meter hoch. Sie befinden sich in der Mitte der beiden Torlinien und bestehen aus Torpfosten, Querlatte und Netz. Wichtig sind die Abmessungen des Torraums und des Strafraums, denn in diesen Bereichen darf der Torwart den Ball mit der Hand spielen. Im Torraum, oft auch als 5-Meter-Raum bezeichnet, darf der Torwart von keinem gegnerischen Spieler angegangen werden, andernfalls bekommt er einen indirekten Freistoß zugesprochen.
Der Strafraum ist auch als 16-Meter-Raum bekannt und grenzt den Bereich ab, in dem der Torhüter den Ball mit den Händen spielen darf. Die Strafstoßmarke ist genau 11 Meter senkrecht von der Mitte des Tores aus angebracht und wird auch als Elfmeterpunkt bezeichnet.
Die Fußballregeln und Veränderungen sollen im Training beachtet werden, damit sie im Spiel umgesetzt werden können.

Lew Jaschin (S. 120) im Trikot von Dynamo Moskau.

Allgemeines für das Torwarttraining

Die Begriffe Torhüter und Torwart werden in diesem Buch gleichbedeutend genutzt, es lassen sich von der inhaltlichen Bedeutung keine Unterschiede erkennen. Zielgruppe sind alle Altersstufen, wobei je nach Alter angepasste Übungen im Mittelpunkt stehen müssen und diese erleichtert oder erschwert werden können.
Für das Training sind nicht nur torwartspezifische Fähigkeiten oder persönliche Voraussetzungen von Bedeutung, sondern auch externe Faktoren. Darunter versteht man jene Bedingungen, die nicht von der Person abhängen. Das sind die Torwartausrüstung, das Trainingsgelände, die Trainingsgeräte und das Trainingswetter. Doch auch diese Dinge können beeinflusst werden. Trainer und Torwart sollten sich mit ihnen auseinandersetzen, denn schon die kleinsten Veränderungen der externen Faktoren bedeuten oftmals Verbesserungen für das Torwartspiel.
Die unten stehende Abbildung zeigt jene Bereiche, die auf die sportliche Leistung Einfluss haben. Bevor eine Trainingseinheit durchgeführt wird, sollten diese Bereiche beachtet werden.

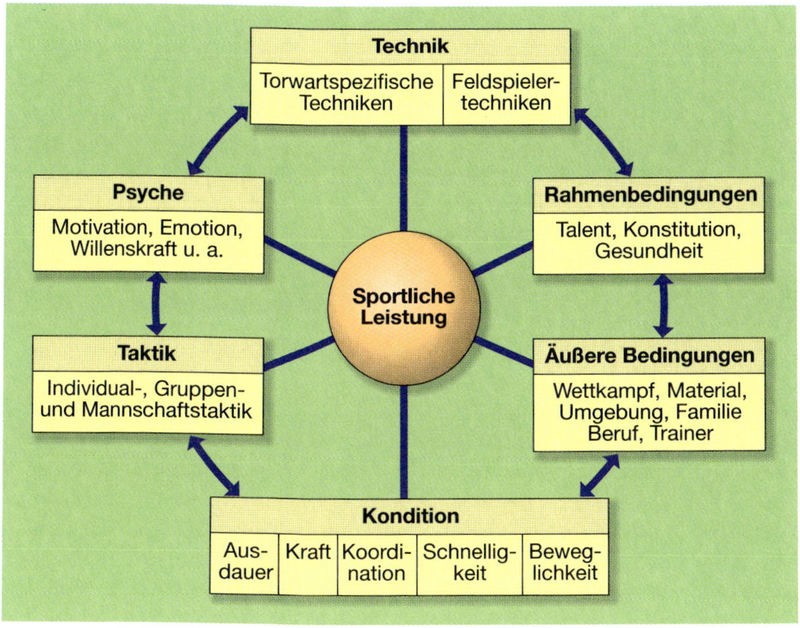

Die sportliche Leistung und ihre möglichen Komponenten.

Torwartausrüstung

Früher reichten Fußballschuhe, eine Hose und ein Strickpullover sowie ein wenig Spucke in den Händen aus, um ins Spiel zu gehen. Heute hat sich nicht nur die Technik und Kondition im Fußball gewandelt, sondern auch die Ausrüstung.

Torwattrikot

Die Entwicklung in der Sport- und Freizeitbekleidung führt auch zu Verbesserungen der Torwartbekleidung. Das Torwarttrikot wird neben der Zweckmäßigkeit auch modernen Ansprüchen gerecht. Das Material des Trikots ist in der Regel Polyester, und es ist mit eingearbeiteten Ellenbogenpolstern versehen. Bei leichtem Tragekomfort gewährt es gleichzeitig Sicherheit. Auch sind heute Trikots mit Schulter- oder Brustpolstern erhältlich. Der Vorteil von Schulterpolstern ist eher optischer Natur, da der Torhüter mit ihnen breiter wirkt und sein Anblick dem Gegner mehr Respekt einflößt. Durch das Brustpolster wird der Ball stärker abgebremst und kann auf diese Weise kaum von der Brust abprallen.

Darüber hinaus gibt es spezielle Trikots für kühlere Temperaturen, die aus wärmespeichernden Stoffen gefertigt sind. Trikots werden auch oftmals in hellen, reflektierenden Farben hergestellt, weil sich darin das Sonnen- oder Flutlicht spiegelt und so der angreifende Spieler irritiert wird. Wie beim Feldspielertrikot kommt auch beim Torwarttrikot dem Design eine wichtige Rolle zu. Erstens möchte der Torwart gut aussehen, und zweitens hat er häufig eine Vorliebe für eine bestimmte »Glücksfarbe«.

Die Größe des Trikots sollte selbstverständlich immer so gewählt werden, dass die Bewegungsfreiheit nicht eingeschränkt wird.

Torwarthose

Die Torwarthose wird ebenfalls nach funktionellen Gesichtspunkten gestaltet. Die lange Hose ist meistens mit eingearbeiteten Knie- und Hüftpolstern versehen, um die Verletzungsgefahr beim Springen auf härterem Untergrund zu vermeiden. Für den Rasenplatz gibt es die kurze Hose mit oder ohne Hüftpolster. Ob eine Torwarthose mit engem oder weitem Schnitt bevorzugt wird, ist eine persönliche Entscheidung. Ebenso ist es mit der Länge bzw. den angebrachten Polstern. Für das Training empfiehlt sich außerdem der einteilige Overall, mit oder ohne Polster.

Torwarthandschuhe

Wichtigster Teil der Ausrüstung für den Torwart sind die Handschuhe. Mit ihnen wird die Fangsicherheit gesteigert. Die Hersteller haben ihre Produkte dem heutigen Ballmaterial angepasst. Es wird fast ausschließlich mit kunstoffbeschichteten Bällen gespielt, die bei Nässe nicht mit bloßen Händen gehalten werden können. Deswegen wurden Handschuhe mit

Auswahl an Torwarthandschuhen:

❶ Dieser Spitzenhandschuh ist mit einem Fingerschutz ausgestattet, der ein Überdehnen der Finger nach hinten verhindert. Zusätzlich schützt eine Handgelenksbandage. Zum Haftschaum auf der Innenhand kommen der Haftschaum auf der Oberhand- und der Innenhandseite des Klettverschlusses.

❷ Bei diesem Handschuh ist der Haftschaum ohne Naht an den Fingerinnenkanten angebracht. Wie bei fast allen Modellen befindet sich an dem Handschuh ein seitlicher Schlitz zum bequemen Einstieg.

❸ Bei diesem Handschuh sind um die Innenkanten der Finger Haftschaum zum sicheren Halt aufgenäht und die Nähte nach innen gearbeitet.

❹ Dieser Handschuh ist durch den verdichteten Haftschaum besonders abriebfest und für Hartplätze geeignet. Er ist auch mit Gore-WS, einem windundurchlässigen und wasserabweisenden Stoff für kalte und nasse Tage, erhältlich.

Dino Zoff (S. 126) dirigiert im italienischen Torhüterdress.

Supersoft-Haftschaum an den Handinnen- und -außenflächen entwickelt. Dieser Haftschaum ist empfindlich und nutzt sich sehr schnell ab. Für den Trainingsbetrieb werden Handschuhe mit festerem Haftschaum hergestellt. Das Angebot umfasst Handschuhe für trockenes, feuchtes, nasses Wetter, Handschuhe für Rasen-, Hart-, Kunstrasenplätze sowie für die Halle. Außerdem werden Handschuhe ohne Nähte an den Innenflächen produziert, ferner solche aus winddichtem Obermaterial für kalte Tage und solche mit kleinen Plastikstäben, die Fingerverletzungen verhindern sollen. Fast alle Modelle sind mit einem Klettverschluss an den Handgelenken versehen. Oft werden die Handschuhe eine Nummer größer gekauft, damit durch das Luftpolster im Inneren der Ball noch mehr abgedämpft wird. Welche Größe er wählt, muss der Torwart letztendlich selbst entscheiden. Für das Training sollte er mindestens zwei Paar zur Verfügung haben. Erstens kann ein Handschuh kaputt gehen, zweitens kann sich das Wetter ändern, oder das Training findet kurzfristig auf einem anderen Untergrund statt.

Fußballschuhe

Die Fußballschuhe sind für den guten Stand des Torwarts besonders wichtig, da er durch ein Wegrutschen einen Treffer kassieren könnte. Es gibt eine große Vielfalt an Modellen. Fußballschuhe müssen immer passend zum Untergrund ausgewählt werden. Im Spiel auf Rasen ist es ein Schuh mit Aluminiumstollen; diese sind austauschbar und verschieden lang. Für härtere Böden gibt es Nockenschuhe mit etwa 12 Millimeter langen, in die Sohle integrierten Gumminocken. Diese Schuhe sind im Training auf Rasenplätzen zu bevorzugen, da sie meist mehr Tragekomfort bieten als Stollenschuhe und die Verletzungsgefahr von Mitspielern verringern. Für Hartplätze oder Kunstrasen empfehlen sich Noppenschuhe, die einen sicheren Stand bieten. Das Abspringen und Drehen wird durch die Anordnung der Noppen unterstützt.

Sonstige Ausrüstung

Als besondere Torwartausrüstung sind die Ellenbogen- und Knieschützer, die Schirmmütze und die Torwarttasche zu nennen. Die Schützer bieten zwar an den betreffenden Körperstellen Schutz, haben aber oft den Nachteil, dass sie die Bewegung einschränken. Beim Training auf hartem Untergrund sind sie jedoch unerlässlich. Man sollte insbesondere in jungen Jahren nicht darauf verzichten, denn häufig treten Spätfolgen von Verletzungen – beispielsweise Schleimbeutelverletzungen an Ellenbogen- und Kniegelenken – auf, die auf fehlenden Schutz im Kinder- und Jugendalter zurückzuführen sind.
Die Schirmmütze bietet Schutz bei starkem Sonnenschein, ist in ihrer Funktion jedoch umstritten. Einerseits wird durch sie die direkte Sonnenein-

strahlung abgehalten, andererseits kann jedoch der Torhüter bei hohen Bällen durch die plötzliche Lichtveränderung geblendet werden, so dass er für kurze Zeit den Ball nicht sieht.
In die Torwarttasche gehört immer ein zweites Paar Handschuhe. Ansonsten entscheidet jeder Torhüter selbst, was er benötigt. Bei Regen wird oft ein Handtuch zum Abtrocknen der Handschuhe mitgeführt, oder man kann beim Training die Ellenbogenschoner in der Tasche verstauen. Abergläubische Torhüter haben ihren Talisman mit dabei.
Stutzen, Regenjacke und Schienbeinschoner gehören zur Standardausrüstung eines jeden Fußballspielers. Die Regenjacke sollte der Torwart immer mitführen. Sie schützt ihn sowohl vor Feuchtigkeit als auch vor dem Auskühlen des Körpers, was besonders wichtig ist, da er nicht ständig in Aktion ist.
Der Trainer sollte auf ordentliche und gute Bekleidung des Torwarts achten; allein schon die Kleidung zeigt oft die Einstellung zum Training. Denn mit verschlissenen Handschuhen kann der Ball nicht optimal gefangen werden, und ohne gepolsterte Hose ist das Hechten auf hartem Untergrund meist mit Schürfwunden verbunden.

Trainingsgelände

Das Trainingsgelände ist in der Regel der Fußballplatz, je nachdem ein Rasen-, Hart- oder Kunstrasenplatz. Es

Das Spielfeld und seine mögliche Nutzung beim Training.

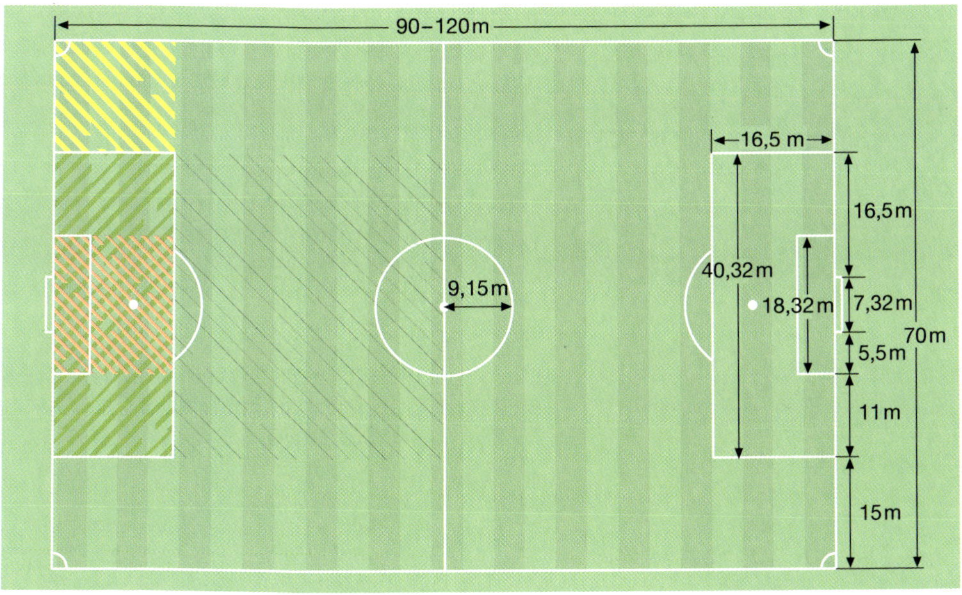

stellt sich die Frage, ob es sinnvoll ist, das Hechten nach dem Ball immer auf einem Hartplatz zu trainieren. Genauso gut und weitaus schonender kann man dafür auch eine ebene Wiese oder eine Weitsprunggrube mit Sand benützen. Die Trainingseinheiten sollten immer dem Untergrund angepasst werden.
Das Gleiche gilt auch für die Spielfeldnutzung. Häufig ist der Fußballplatz bereits durch eine andere Mannschaft belegt, oder es findet das eigene Mannschaftstraining statt. Deswegen sollte man die Benutzung des Spielfelds vor der Trainingsplanung abklären und das Torwarttraining auf die zur Verfügung stehende Fläche abstimmen. Dabei gibt es vielfältige Möglichkeiten, die Spielfeldfläche zu nutzen.
Auch die Weitsprunggrube mit Sand oder ein Hügel am Rand des Fußballplatzes kann als Trainingsfläche dienen. In der Sandgrube kann man die Sprungkraft, am Hügel die Schnellkraft stärken.

Trainingsgeräte

Als Trainingsgeräte und -utensilien für das Torwarttraining können fast alle Gegenstände benutzt werden – hier die gebräuchlichsten:

- Fußbälle
- Markierungskegel/Pilonen
- Markierungs-/Gymnastikstangen
- Reifen
- Trainingshürden
- transportable Tore
- Medizinbälle
- Ballpendel
- Schusswand
- Sprungseile
- Hantelgewichte
- Gymnastikmatten
- Rugbybälle
- sonstige Bälle
- Spielfeldbogen
- Stoppuhr
- Pfeife
- Stifte

Die Liste ist erweiterbar und soll lediglich die Vielfalt der Möglichkeiten für das Torwarttraining andeuten. Nun zu den einzelnen Trainingsgeräten:
Am wichtigsten von allen ist natürlich der **Fußball**. Der Ball sollte in einem guten Zustand sein, schlechte Bälle erhöhen die Verletzungsgefahr des Torwarts, vor allem an den Fingern. Für das Training sollten vier bis zwölf Bälle bereitliegen, das heißt, der Trainer muss vorher abklären, wieviel Bälle ihm zur Verfügung stehen.
Markierungskegel/Pilonen sind für das Markieren von Spielfeldflächen, Laufstrecken und Toren notwendig. Dieses Hilfsmittel ist leicht einsetzbar und sollte ebenfalls in ausreichender Menge von acht bis sechzehn Stück bereitstehen.
Markierungsstangen können oft durch Zusatzhalterungen und Gymnastikstangen zu Hürden umfunktioniert werden. Es sollten mindestens zwölf Markierungs- und sechs Gymnastikstangen verfügbar sein. Damit

Das Training mit verschiedenen Trainingsmaterialien bietet viel Abwechslung.

kann man Spielfelder abgrenzen, variable Tore einrichten und Hürden aufbauen.
Als **transportable Tore** stehen im Idealfall zwei genormte Fußballtore (7,32 x 2,44 Meter) und zwei Jugendtore (5 x 2 Meter) zur Verfügung. Dadurch sind Spiele oder Übungen auf zwei Tore möglich, und auf Rasenplätzen kann damit der Torraum geschont werden.
Medizinbälle in verschiedenen Größen und Gewichten werden im Training hauptsächlich für die Kräftigung der Muskulatur, aber auch als Markierungshilfen und Hürden eingesetzt. Für jeden Torwart sollte ein Medizinball bereit liegen, wobei auf dessen Beschaffenheit zu achten ist, denn Torleute mit kleinen Händen können Probleme beim Fangen eines großen Medizinballs bekommen. Das Ballgewicht muss dem Trainierenden angepasst sein. Medizinbälle aus Kunststoff können bei Nässe aus den Händen rutschen, während solche aus Leder stark verformt werden.
Weitere Trainingsutensilien können das **Sprungseil, Reifen, Hantelgewichte, verschiedene Bälle, Gymnastikmatten** usw. sein. Sie alle bringen Abwechslung in das Torwarttraining und können zielgerichtet für Kraft-, Sprungkraft-, Koordinationsübungen und ähnliches eingesetzt werden.
Ballpendel und **Schusswand** benötigen einen festen, kostspieligen Aufbau und sind deswegen nur selten anzutreffen. Der Ballpendel kann zur Verbesserung der Schuss-, Fang- oder Fausttechnik eingesetzt werden. Die Schusswand dient oftmals als Technikschulung für das Schießen, kann

aber auch zur Reaktionsschulung herangezogen werden.
Spielfeldbogen, Stifte, Stopp uhr und **Pfeife** dienen zur Kontrolle oder als Signal.
Neben dem praktischen Teil beinhaltet das Torwarttraining auch einen theoretischen Teil. Hierbei werden Standardsituationen, Leistungskontrollen, Stärken und Schwächen und Ähnliches durchgesprochen.

Trainingswetter

Ob Regen, Schnee oder Sonne – die unterschiedlichen Wetterbedingungen führen zu unterschiedlichen Trainingsplatzbedingungen.
Ideal für die meisten Torhüter ist ein trockenes, nicht zu hartes Feld, kein Wind, Regen und/oder Sonne.
Wenn die Sonne scheint, macht das Torwarttraining am meisten Spaß. Allerdings sollte dann auf eine ausreichende Flüssigkeitsaufnahme geachtet werden. Wegen des harten Untergrunds und des Staubs ist ein Hartplatz bei Sonne weniger günstig.
Wind spielt für das Training eine untergeordnete Rolle, weil man sich durch Kleidung schützen und unter Bedingungen üben kann, mit denen der Torwart auch im Wettkampf konfrontiert wird.
Mehr beeinflusst wird das Torwarttraining dagegen durch starken Regen mit großen Pfützen auf dem Platz. In diesem Fall muss der Trainingsablauf entsprechend gestaltet und auf das Hechten nach Bällen verzichtet werden.

Niedrige Temperaturen und ein gefrorener Untergrund wirken sich besonders ungünstig auf das Torwarttraining aus. Das Springen bei glattem Boden ist schwierig, und das Fallen hat fast immer Blessuren zur Folge. Dementsprechend soll das Training ohne Sprungübungen gestaltet werden.
Eine mit reichlich Schnee bedeckte Trainingsfläche ist beim Fallen und Hechten meist angenehm für den Tor-

Peter Shilton (S. 125) und die »Hand Gottes« von Maradona im WM-Halbfinale von 1986.

wart. Schwieriger wird es beim Flanken oder Sprinten. Übungen, bei denen der Ball geprellt werden muss, können ebenfalls nicht ausgeführt werden. Außerdem ist zu beachten, dass nach einer gewissen Trainingszeit die Kleidung durchnässt ist und der Torwart zu frieren beginnt. Es kommt leider in der Praxis oft vor, dass ein Torwart sein Training absolvieren und dann zum Abschlussspiel noch 20 bis 40 Minuten im Tor stehen muss. Besser wäre es, ihn zum Duschen in die Kabine zu schicken und das Abschlussspiel auf kleinere Tore oder mit abwechselnden Feldspielern im Tor durchzuführen.

Für das Training sind viele Witterungs- und Platzverhältnisse vorstellbar, die schon bei der Planung einkalkuliert werden sollten. Jedoch muss der Trainer fähig sein, auf unvorhergesehene Verhältnisse flexibel reagieren zu können.

»Danish Dynamit«: Peter Schmeichel (S. 123).

Persönlichkeit des Torwarts

Die im Folgenden genannten sozialen und psychischen Faktoren sollen die Persönlichkeit des Torhüters aufzeigen. Es werden einfache Beziehungen und Denkmuster vorgestellt, die nicht auf jede Person übertragbar sind. Vielmehr ist jede Person und jede Beziehung zwischen Personen individuell einzuschätzen. Zu unterscheiden ist auch zwischen Stammtorwart und Ersatztorwart oder älteren, erfahrenen Torhütern und jungen, unerfahrenen.
Zu den psychischen Faktoren gehören Kognition, Motivation und Emotion. Die folgenden Abschnitte sind als Hilfen für das Training zu verstehen und können ein wenig »Licht in das Torwartleben« bringen.

Selbstsicheres Auftreten

Ein Torwort ist nicht nur ein Torwart, sondern ein Individuum. Das heißt, er hat Ansprüche an seine Umwelt, er wird von seiner Umwelt geprägt und beeinflusst auch seine Umwelt.
Für einen Torwart ist ein sicheres und überzeugendes Auftreten wichtig, denn ihm kommt die Funktion zu, durch klare Anweisungen die Abwehr seiner Mannschaft zu organisie-

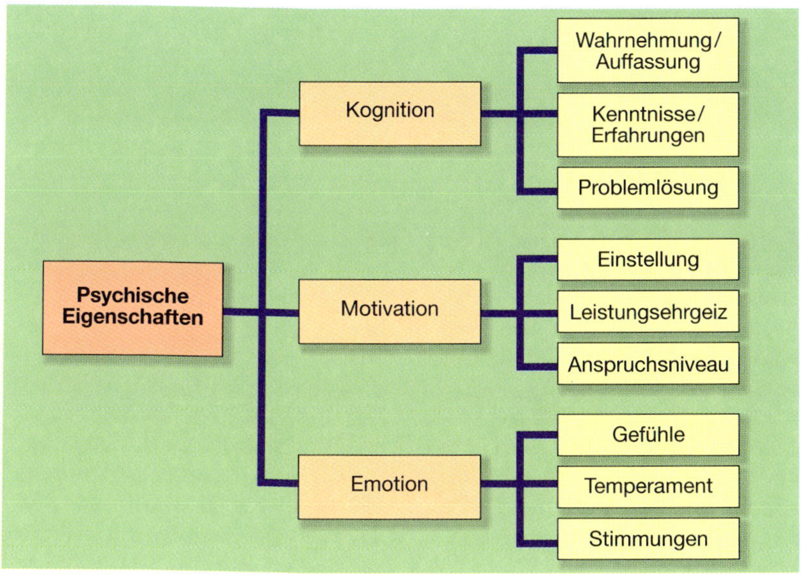

Die psychischen Faktoren kennzeichnen jeden Sportler.

ren. Negativ wirken sich unsicheres und nervöses Auftreten aus oder wenn er zu wenige oder zu viele Anweisungen gibt. Dem Torwart kommt in der Mannschaftssportart Fußball eine Sonderrolle zu und er entscheidet oft über Sieg oder Niederlage. Deswegen sollte er daran arbeiten, die Angst vor einem Versagen zu überwinden.
Der Torhüter muss sich auf seine Aufgaben konzentrieren und darf sich nicht leicht ablenken lassen. Das gilt für Training und Spiel.
Für das Training kommt es auf eine gute Eigenmotivation an, denn er muss oft mehr Zeit und Einsatz aufbringen als ein Feldspieler. Die Motive sind vielfältig, und der Trainer muss sie richtig einschätzen lernen: Bewegungs- und Spieltrieb, Geltungsstreben, Leistungsehrgeiz, Geselligkeit, Selbstverwirklichung, Minderwertigkeitsgefühl, soziale Probleme, Vorbilder, finanzieller Anreiz usw.
Eine Besonderheit ist der Aberglaube der Sportler, speziell des Torwarts. Es verhilft vielen zu einem sichereren Auftreten, nimmt die Angst, wenn beispielsweise ein Maskottchen im Tor steht, wenn der rechte Handschuh vor dem linken angezogen oder ein bestimmter Finger verbunden wird, obwohl er nicht verletzt ist. Diese positive psychische Beeinflussung sollte von keinem Trainer oder Spieler offen belächelt werden, denn wenn es dem Torwart hilft, ihn stärker macht, kann das nur seiner Leistung und damit der gesamten Mannschaft zugute kommen.

Verhältnis Torwart – Trainer

Eine besondere Beziehung ist oftmals das Verhältnis zwischen Torwart und Trainer. Geduld, Vertrauen und persönliches Interesse sind wichtige Aspekte hierzu. Meist genießt der Torwart das uneingeschränkte Vertrauen des Trainers, und die beiden können sich aufeinander verlassen.
Im Sport wird der jugendliche Torwart von einer Person geprägt, die sich in besonderer Weise um ihn kümmert. Deshalb sollte das gegenseitige Interesse auch über den Trainingsbereich hinausgehen. Beim Umkleiden in der Kabine, während den Pausen oder bei den Fahrten lassen sich ungezwungen Gespräche über Hobbys, Schule, Beruf oder sonstige Dinge führen. Dabei lässt sich auch abklären, was Torwart oder Trainer am Training gefällt oder missfällt und welche Wunschvorstellungen jeder hat. Auch die Emotionen des Torwarts können durch ein gutes Verhältnis besser erkannt werden, denn mit entscheidend für ein gutes Training sind auch Stimmungs- und Gefühlslage des Torwarts.
Von Vorteil ist es, wenn ein Torwarttrainer in seiner Fußballerlaufbahn die Erfahrung als Torwart gemacht hat. Über das Training hinaus muss er auch das Auftreten des Torwarts gegenüber den anderen Spielern beobachten. Er sollte dem Torwart – durch Gespräche, Lob, Verdeutlichen der eigenen Stärken, Schutz vor un-

gerechtfertigter Kritik – so viel Selbstvertrauen mitgeben, dass dieser sich seines Auftretens bewusst wird und damit die Mannschaft positiv beeinflusst. Der Trainer muss auch das Temperament seines Schützlings steuern, indem er ihn beruhigt oder anstachelt. Wenn diese Basis gegeben ist, können Trainer und Torwart gemeinsam Trainingseinheiten erarbeiten, oder der Torwart kann zumindest Einfluss auf die Trainingsinhalte nehmen.
Durch das aufgebaute Vertrauen lassen sich im Training Übungen umsetzen oder Neuerungen einführen, die sonst auf Unverständnis treffen würden. Der Trainer muss genauso hundertprozentig hinter dem Training stehen wie der Torwart, damit beide ein gutes Team werden.

Andreas Köpke (S. 122) und Thomas Häßler als Nationalmannschaftskollegen.

Verhältnis Torwart – Mannschaft

Ebenfalls von Bedeutung ist das Verhältnis zwischen Torwart und Mannschaft, da der Torwart mit seiner Leistung über Sieg oder Niederlage entscheiden kann. Durch das eigene Auftreten und das Vertrauen des Trainers hat der Torwart in der Mannschaft in der Regel eine wichtige Stellung. Diese wird meist auch durch Leistung bestätigt, oder Trainer und Mannschaft müssen durch Leistung überzeugt werden. Der Torwart ist für viele Ansprechpartner und Respektsperson. Wenn auch manchmal mit Vorurteilen behaftet oder als »Spinner« bezeichnet, wird er von der Mannschaft meistens voll akzeptiert. Auf dem Spielfeld haben die anderen seinen Anweisungen zu folgen, was bereits im Training geübt wird.
In der Mannschaftshierarchie ist der Stammtorhüter meist weit oben angesiedelt und führt durch sein Verhalten die Mannschaft mit. Sein Auftreten wird oft von den anderen Spielern übernommen, was Folgen zeigt: Wenn vom Torwart Ruhe und Stärke ausstrahlen, überträgt sich das auch auf die anderen. Es stärkt die eigene Moral und flößt gleichzeitig dem Gegner Respekt ein.

Oliver Kahn (S. 121) in Abwehrstellung.

Körperliche Voraussetzungen

Der Torwart sollte für seine Spielposition andere konstitutionelle und konditionelle Voraussetzungen mitbringen als ein Feldspieler, da ihm eine besondere Rolle zukommt. Eine kleine, rundliche Person wird Schwierigkeiten beim Erreichen hoher oder platzierter Bälle haben, und jemand mit guter Reaktion, aber schlechter Fußballtechnik ist als Anspielstation ein Risikofaktor.

Konstitutionelle Faktoren

Darunter versteht man verschiedene Veranlagungsbereiche, sowohl in körperlicher als auch in geistiger Hinsicht. Zu den körperlichen Konstitutionsmerkmalen zählen Größe, Gewicht, Körperbau und konditionelle Fähigkeiten.
Die Idealgröße für den Torwart ist schwer zu bestimmen. Eine Größe von 1,85 Meter plus/minus 10 Zentimeter ist von Vorteil.
Kleineren Torhütern unter 1,80 Meter werden oft gute Schnelligkeit, Beweglichkeit und Wendigkeit zugesprochen. Durch ihre geringe Reichweite tun sie sich allerdings bei hohen oder platzierten Bällen schwerer. Diese Torhüter werden oft als Linientorhüter oder Flieger bezeichnet, da sie sich durch gute Reaktionen und große Sprünge auf der Linie auszeichnen und selten bei hohen Bällen das Tor verlassen.
Torwarte mit einer Größe von 1,90 Meter und darüber sind prädestiniert für hohe Bälle und haben eine größere Reichweite. Dafür mangelt es ihnen an Schnelligkeit und Beweglichkeit, und sie sind auch im Nachteil bei flachen Bällen. Diese Personen haben ihre Stärken im Bereich von 5 bis 11 Metern vor dem Tor, sind jedoch nicht so stark auf der Linie.
Die Größe allein sagt nur wenig über die Qualität eines Torwarts aus, und die genannten Stärken und Schwächen sind nicht allgemein verbindlich.
Das Idealgewicht, auch das des Torwarts, ist immer von der Körpergröße abhängig. Günstig sind 80 Kilogramm plus/minus 10 Kilogramm.
Leichtere Torhüter haben ihre Stärken in der Schnelligkeit, Beweglichkeit und Wendigkeit. Ein Nachteil entsteht bei Zweikämpfen in der Luft; es besteht die Gefahr, dass ein leichterer Torwart von einem schwereren Gegenspieler weggedrängt wird und den Ball nicht zu fassen bekommt.
Schwergewichtige Torhüter dagegen sind meist nicht so wendig, schnell und beweglich, haben jedoch bei ausreichender Größe Vorteile im Luftzweikampf.
Wie erwähnt kommt es auf das Verhältnis von Größe und Gewicht an, was im Körperbau seinen Ausdruck findet.

Der Modellathlet Peter Schmeichel (S. 123) beim Abwurf.

Der athletische Typ zeichnet sich durch einen kräftigen Körper mit grobem Knochenaufbau, fester Muskulatur, breiten Schultern und geräumigem Brustkorb aus. All dies ist für einen Torhüter im Zweikampf und für seine Sprungkraft vorteilhaft.
Der leptosome Typ – schmal, hoch aufgeschossen, mager, mit flachem Brustkorb und langen, schlanken Gliedmaßen – hat als Torwart Defizite im Kraftbereich und wirkt sehr schlacksig. Durch intensives und gezieltes Training kann jedoch auch eine Person mit leptosomer Ausprägung zu einem guten Torwart geschult werden.
Der pyknische Typ ist mittelgroß, gedrungen, mit gewölbter Brust, neigt zum Fettansatz, hat einen kurzen Hals und ein breites Gesicht. Für diesen Typ ist die Spielposition des Torwarts schwierig, da die Länge und das Übergewichtige kaum durch Training verändert werden können.
Der Körperbau ist ein Kriterium für die Qualität des Torwarts und muss in der Trainingsdurchführung berücksichtigt werden. Es ist nicht sinnvoll, für einen kräftigen Athleten ein weiteres Krafttraining einzubauen, denn dann verliert er noch mehr an Beweglichkeit und Gewandtheit.
Neben den körperlichen ist auch die geistige Konstitution des Torwarts von Bedeutung. Bei den Aufgabenstellungen im Training ist seine geistige Mitarbeit gefordert. Dabei kommen ihm kreatives Mitdenken, Reflektieren und retorische Fähigkeiten zugute. Die ideale Torwartpersönlichkeit sollte sich durch gute Kameradschaftlichkeit, Ruhe, Gelassenheit, Selbstvertrauen, Interesse, Mut und Führungsstärke auszeichnen.
Ein Torwart mit guter Motivation ist leichter durch das Training zu führen als ein lustloser Sportler. Am Trainer liegt es, durch den Aufbau eines gutes Verhältnisses zu seinem Schützling dessen Emotionen einschätzen zu können.

Konditionelle Faktoren

Bei der Begriffsbestimmung, die in der Sportpraxis und im Training Anwendung findet, werden unter Kondition nur die motorischen Fähigkeiten Ausdauer, Kraft, Schnelligkeit, Beweglichkeit und Koordination sowie deren Teilfähigkeiten und Mischformen zusammengefasst.

Vorgestellt werden die notwendigen physischen und motorischen Voraussetzungen sowie die Trainierbarkeit der einzelnen Bereiche. Aufgrund der Spielposition des Torwarts benötigt er andere Fähigkeiten als ein Feldspieler. Zum Beispiel liegt seine Laufleistung weit unter der eines Feldspielers, dafür sollte er zu jedem Zeitpunkt in der Lage sein, mit einem Sprung den Ball zu erreichen.

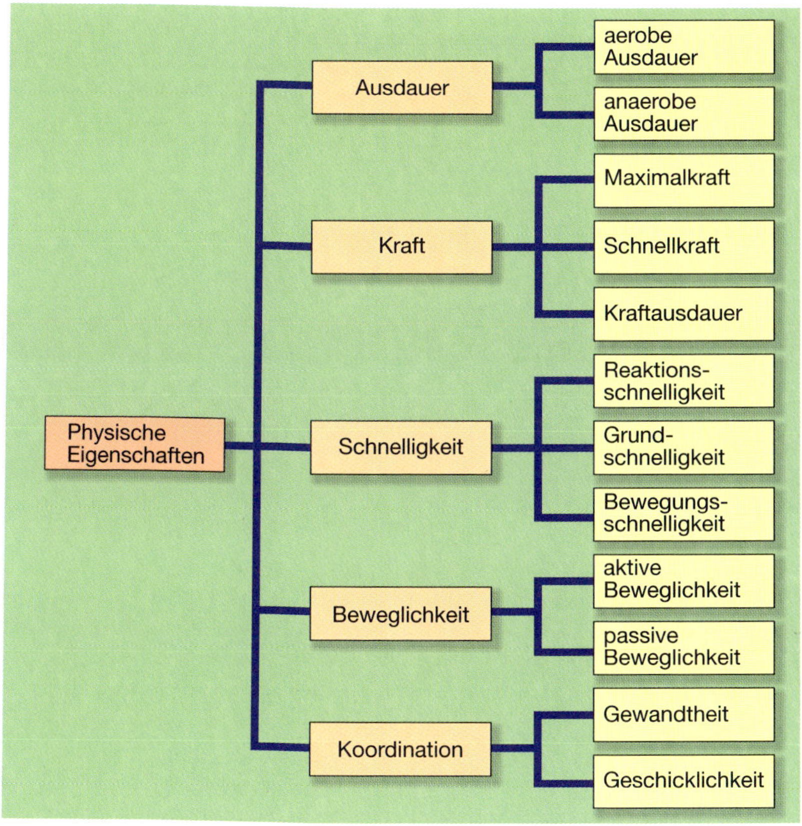

Auch die physischen Eigenschaften müssen trainiert werden.

Englands Nationaltorhüter David Seaman (S. 124).

Ausdauer

> Ausdauer = Ermüdungswiderstandsfähigkeit + schnelle Erholungsfähigkeit.

Für den Torhüter spielt die physische Belastung eine untergeordnete Rolle. Die Grundlagenausdauer sollte vor allem azyklisch trainiert werden; das bedeutet, dass ständig unregelmäßige Intensitäts- und Tätigkeitswechsel stattfinden. Es wird mit überdurchschnittlicher aerober Kapazität gearbeitet, das heißt, die Energiegewinnung findet unter Beteiligung von Sauerstoff statt. Die Aufgabe der azyklischen Grundlagenausdauer ist es, die Basis für ein umfangreiches Konditions-, Technik- und Taktiktraining in Spielsportarten zu schaffen.

Im Torwarttraining wie auch im Spiel wechseln sich häufig die Bewegungsabläufe – Stehen, Gehen, Laufen, Springen, Werfen, Schießen usw. – ab. Auch nach Belastungsphasen muss der Torhüter immer noch konzentriert sein, damit ihm keine Fehler unterlaufen. Die psychische Belastung ist bei ihm besonders hoch, weil er meist nur wenige Minuten eines Spiels im Blickpunkt steht, die dann aber über Sieg und Niederlage entscheiden. Der Torwart sollte das Ausdauertraining nicht vernachlässigen, denn eine permanente konditionelle Belastbarkeit baut auf einer guten Ausdauer auf. Zum Beispiel ist ein Sprungkrafttraining nicht sinnvoll, wenn der Sportler schon nach drei Sprüngen den Ermüdungswiderstand überschritten hat.
Das Ausdauertraining sollte mit der Mannschaft durchgeführt werden, denn meist ist die Zeit für das Torwarttraining zu knapp, um noch das Ausdauertraining einzubinden.

Kraft

Kraft = die Fähigkeit, durch Muskeltätigkeit Widerstände zu überwinden oder ihnen entgegenzuwirken.

Die Kraft lässt sich in verschiedene Kategorien einteilen, aus sportpraktischer Sicht in Sprungkraft, Wurfkraft, Schlagkraft, Schusskraft usw.
In der Trainingswissenschaft stellt die Maximalkraft die höchstmögliche Kraft dar, die der Mensch durch Willenseinsatz entwickeln kann. Die Schnellkraft ist die Fähigkeit der Muskulatur, Widerstände mit hoher Kontraktionsgeschwindigkeit zu überwinden. Die Kraftausdauer ist die Fähigkeit, kraftaufwendige Bewegungsabläufe über einen längeren Zeitraum ohne erkennbare Ermüdung auszuführen.
Unter mechanischen Kriterien versteht man:

- die überwindende (positiv dynamische) Muskelarbeit, zum Beispiel beim Sprung
- die nachgebende (negativ dynamische) Muskelarbeit, zum Beispiel bei der Landung
- die verharrende (statische) Muskelarbeit, zum Beispiel beim Stützen
- die kombinierte (auxotonische) Muskelarbeit

Für den Torwart sind alle Kraftarten von Bedeutung, denn von ihm wird Sprinten, Abstützen, Springen, Landen usw. verlangt. Im Training werden Übungen oft wiederholt, wobei die Kraftausdauer geschult wird.
Im Training ist besonders auf ein ausgewogenes Krafttraining für den ganzen Körper zu achten, da es sonst durch überproportionalen Muskelaufbau zu Bewegungseinbußen kommen kann. Ein wichtiger Faktor ist außerdem das Erscheinungsbild: Ein kräftig gebauter Torwart flößt dem Gegner mehr Respekt ein als ein schmächtiger.
Es gibt drei Arten von Muskeltypen, die Einfluss auf die Leistung nehmen:

1. die glatte Muskulatur der inneren Organe, die willentlich nicht gesteuert werden kann

2. die Herzmuskulatur, die ein eigenes Nervensteuerungssystem hat
3. die quergestreifte Skelettmuskulatur, die vom zentralen Nervensystem gesteuert wird

Die Skelettmuskulatur unterscheidet man in die weißen, schnell kontrahierenden Muskelfasern, Fast-Twitch-Fasern (FT-Fasern), und in die roten, langsam kontrahierenden Muskelfasern, Slow-Twitch-Fasern (ST-Fasern). Ein größerer Anteil der FT-Fasern verbessert die schnellkräftigen, explosiven Bewegungen; die ST-Fasern werden dagegen bei geringeren, aber länger andauernden Belastungen beansprucht.

Schnelligkeit

Schnelligkeit = die Fähigkeit, Bewegungen in einem minimalen Zeitabschnitt unter Berücksichtigung der gegebenen Bedingungen durchzuführen. Sie wird in die Wahrnehmungs-, Antizipations-, Reaktions-, zyklische und azyklische Bewegungs- und Aktionsschnelligkeit gegliedert.

Da das heutige Fußballspiel immer dynamischer und athletischer geworden ist, muss der Spieler dieser Entwicklung gerecht werden. Für die

Andreas Köpke (S. 122) und Bodo Illgner beim Training der Nationalmannschaft.

Wahrnehmungsschnelligkeit sind ein hoher Motivationsgrad, langjährige Spielerfahrung, Angst- und Stressfreiheit sowie eine Kombination aus gestreuter und zentrierter Aufmerksamkeit notwendig, damit der Torhüter aus der Fülle der optischen und akustischen Reize je nach Situation die richtigen auswählen kann.
Mit der Antizipationsschnelligkeit ist jene Fähigkeit gemeint, die weitere Entwicklung einer Situation vorausahnen zu können. Die Antizipationsschnelligkeit ist oft mit langjähriger Erfahrung verbunden; zum Beispiel erkennt der Torhüter nach längerer Zusammenarbeit mit einem Trainer an der Fußhaltung die Fluglinie des Balls.
Die Reaktionsschnelligkeit ist für den Torwart sehr wichtig. Die Reaktionszeit ist jene Zeit, die zwischen dem Setzen eines Reizes – zum Beispiel Abschuss eines Balls auf das Tor – und der ersten sichtbaren Muskelreaktion vergeht. Diese Zeit sollte möglichst gering sein, damit der Torwart seine Reaktion gut vorbereiten kann. Die Reaktionszeit ist bei akustischen, optischen oder taktilen Reizen unterschiedlich. Der Torwart muss meist auf optische Reize reagieren und sollte auch so trainiert werden.
Die Bewegungsschnelligkeit bezieht sich beim Torwart meist auf azyklische Bewegungen, das heißt Bewegungen mit Stopps, Richtungsänderungen und Schnelligkeitsveränderungen. Für diese Art der Bewegungsschnelligkeit sind eine schnellkräftige Beinstreckmuskulatur, schnellkoordinierte Schrittfolgen, gute Gewandtheit und automatisierte Koordinationsmuster notwendig. Diese vier Faktoren werden durch torwartspezifische Übungen trainiert.
Die Aktionsschnelligkeit spielt für den Torwart eine untergeordnete Rolle, doch sollten Übungen, die das Fangen des Balls in Kombination mit dem Abwerfen beinhalten, in das Training eingebaut werden. Auch das Ballannehmen und In-eine-Richtung-Weiterdribbeln muss bei den heutigen Anforderungen im Training geübt werden.
Das Schnelligkeitstraining des Torhüters soll auf Situationen im Spiel ausgerichtet sein und überwiegend mit Ball ablaufen.

Beweglichkeit

Unter Beweglichkeit versteht man Gelenkigkeit, Flexibilität, Biegsamkeit, Geschmeidigkeit u. Ä.
Beweglichkeit = Schwingungsweite der Gelenke (Gelenkigkeit) sowie die Fähigkeit, Bewegungen mit großer Amplitude der Muskeln, Bänder und Gelenkkapseln ausführen zu können (Dehnfähigkeit).
Beweglichkeit verbindet die beiden Komponenten Gelenkigkeit und Dehnfähigkeit.

Beweglichkeit ist eine Voraussetzung für qualitativ und quantitativ gute Bewegungsausführungen und für die Entwicklung der Fähigkeiten Kraft, Schnelligkeit, Ausdauer und Koordi-

nation. Sie erleichtert das Einüben neuer Bewegungen und dient der Verletzungsvorsorge.
In der Praxis unterscheidet man die passive und aktive Beweglichkeit sowie die allgemeine und spezielle Beweglichkeit. Die passive Beweglichkeit wird durch äußere Kräfte (Partner oder Gewichte) hervorgerufen. Aktive Beweglichkeit wird durch eigene innere Kräfte erzeugt. Die allgemeine Beweglichkeit ist durch eine gute Schwingungsweite in sämtlichen Gelenken gegeben. Die spezielle Beweglichkeit wird durch sportartspezifische Bewegungen gekennzeichnet.
Der Trainer sollte zur Förderung der Beweglichkeit einige anatomisch-physiologische Grundkenntnisse besitzen. Die Bewegungsmöglichkeit ist durch verschiedene Gelenkstrukturen vorgegeben und kann durch das im Fußball übliche Training nicht verändert werden. Das Gleiche gilt für die Anordnung der Sehnen und Bänder. Die Muskulatur spielt eine ebenso wichtige Rolle. Viel Muskelmasse muss beim Aufbau gezielt mit Beweglichkeitsübungen verbunden werden. Der Muskeltonus (Spannungsgrad der Muskulatur) sollte für die Beweglichkeit niedrig gehalten werden, da sonst der muskuläre Widerstand bei Dehnungsübungen erhöht und die Beweglichkeit eingeschränkt wird. Die Dehnfähigkeit des Muskels ist auch durch dessen Struktur vorgegeben, die durch wiederholende Dehnungsübungen elastischer wird. Kurzfristig ist der Dehnungswiderstand des Muskels durch Erwärmen zu reduzieren.
Das Dehnen muss ein fester Bestandteil im Torwarttraining sein. Es schützt vor Verletzungen und führt zu besseren Bewegungsabläufen.

Koordination

Unter dem Begriff Koordination versteht man sensomotorische bzw. neuromuskuläre Prozesse, die innerhalb eines Bewegungsablaufs das Zusammenwirken von Zentralnervensystem und Skelettmuskulatur gewährleisten.

Die Koordination wird in sieben verschiedene Fähigkeiten gegliedert:

1. Reaktionsfähigkeit = schnelles Reagieren in unerwarteten Situationen
2. Gleichgewichtsfähigkeit = Beherrschen des Körpergewichts
3. Orientierungsfähigkeit = Orientierung im Raum
4. Umstellungsfähigkeit = Anpassung an die jeweilige Situation
5. Differenzierungsfähigkeit = Erfassen der Situation
6. Kopplungsfähigkeit = Verbinden aufeinanderfolgender Abläufe
7. Rhythmisierungsfähigkeit = Anpassen der Bewegungen an das Tempo

Für den Torwart ist die Koordination ein wichtiger Faktor der Leistungsfähigkeit, denn ihm werden koordinative Fähigkeiten verschiedenster Art abverlangt. Er muss sich in Training und Spiel immer wieder auf neue Situationen einstellen. Auch die Orientierung des Körpers ist notwendig.

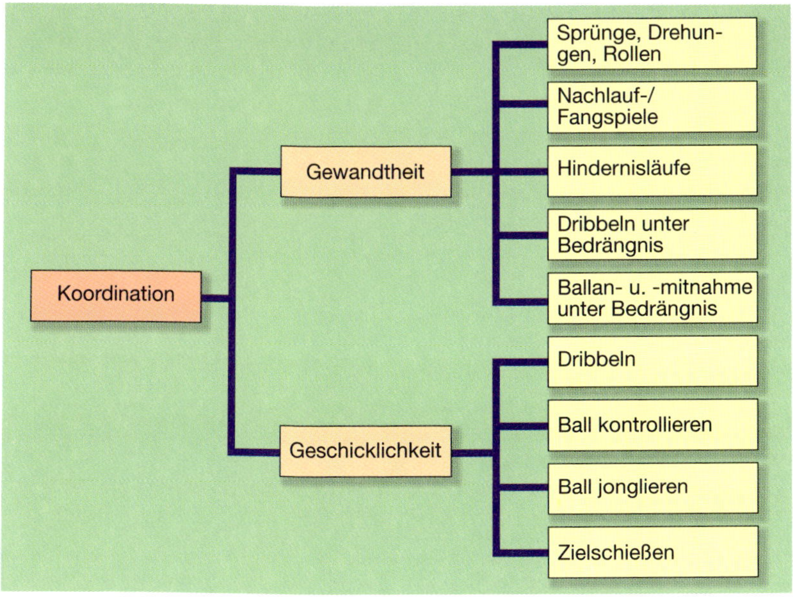

Das Training der Koordination hat an Bedeutung gewonnen.

Der Torwart muss insbesondere den Raum zwischen Tor und Ball abschätzen, damit er sich richtig positioniert. Die Umstellungsfähigkeit der Bewegungsabläufe auf verschiedene Situationen wird vor allem im Spiel verlangt, denn die eingeübten Bewegungsabläufe müssen dort in neuen Situationen angewandt werden. Motorische Bewegungen in zeitlicher, räumlicher und kraftmäßiger Hinsicht mit großer Präzision auszuführen, wird durch eine gute Differenzierungsfähigkeit ermöglicht. Die Kopplungsfähigkeit wird häufig auch Kombinationsfähigkeit genannt. Darunter versteht man, Bewegungsabläufe räumlich, zeitlich und dynamisch folgerichtig auf zweckmäßige Handlungen abzustimmen. Beim Sportler äußert sich dies in einem flüssigen Bewegungsablauf. Die Rhythmisierungsfähigkeit ermöglicht es ihm, einen inneren oder äußeren Rhythmus umzusetzen.
Für die Koordination ist noch die Unterscheidung der intramuskulären und der intermuskulären Koordination von Bedeutung. Die intramuskuläre Koordination steuert das System eines Muskels, die intermuskuläre Koordination regelt die Systeme verschiedener Muskeln.
Für den Torwarttrainer ist die Unterteilung in Gewandtheit als allgemeine Koordination und Geschicklichkeit als spezielle Koordination wichtig. Damit werden alle o.g. koordinativen Fähigkeiten abgedeckt. Im Training müssen beide Bereiche beachtet werden.

Ein guter Techniker: Hollands Nationaltorwart Edwin van der Sar (S. 125).

Torwartspezifische Grundlagen

In diesem Kapitel werden die Grundtechniken und die Taktik vorgestellt, die ein Torwart erlernen und beherrschen muss. Außer den torwartspezifischen Techniken werden von den Torhütern der heutigen und zukünftigen Generation immer mehr die Techniken der Feldspieler verlangt.
Die torwartspezifische Taktik bezieht sich in erster Linie auf das Verhindern von Toren, aber auch das Einleiten von eigenen Angriffen gehört zur Torwartausbildung. Auch taktische Varianten wie die Vierer- oder Dreierkette verlangen vom Torwart ein anderes Verhalten als das Spiel mit dem Libero.

Torwartspezifische Techniken

Ein Schwerpunkt dieses Buches sind die Trainingseinheiten (siehe Seite 77), die für jeden Trainer umsetzbar sind. Die Inhalte sind als Beispiel gedacht, können aber beliebig ersetzt werden. Dies gilt im Besonderen für die Techniken des Torwarts. Je nach Stärken und Schwächen der jeweiligen Person muss das Trainingskonzept mit anderen Inhalten gefüllt werden.

Zunächst einige torwartspezifische Techniken, um die Variationsbreite der Torwarttechniken zu erfahren:
- Grundstellung
- Aufnehmen/Fangen flacher, halbhoher, hoher Bälle
- Fausten von Bällen
- Hechten nach Bällen
- Abschlag/Abstoß
- Abwurf/Abrollen

Neben diesen torwartspezifischen Techniken werden vom Torhüter weitere fußballspezifische Techniken erwartet. Früher waren diese nur in Notsituationen wichtig, wie beim Ablaufen eines Balls außerhalb des Strafraums. Heute gehören die fußballspezifischen Techniken zur Torwartausbildung.
Die von einem Mannschaftskameraden zugespielten Bälle müssen nun mit den fußballspezifischen Techniken verarbeitet werden:
- Ballannahme mit dem Fuß, dem Oberschenkel, der Brust, dem Kopf
- Ballmitnahme mit dem Fuß
- Schusstechniken: Innenseitstoß, Innen-, Außen-, Vollspannstoß
- Kopfballspiel
- Dribbling
- Finten

Dadurch ist das Torwarttraining umfangreicher geworden, und der Trainer muss das Training neu strukturieren. Der Torwart sollte deswegen am Mannschaftstraining teilnehmen, um seine fußballspezifischen Fähigkeiten zu verbessern, und das spezielle Torwarttraining zu anderen Zeiten absolvieren. Besonders bei Spielformen oder beim Abschlussspiel sollte der

Grundstellung
1: von vorne
2: von der Seite

1 2

Torwart auch die Möglichkeit haben, als Feldspieler zu fungieren, um die Denkprozesse und Bewegungsabläufe der Spieler besser zu verstehen.
In diesem Trainingskonzept werden die fußballspezifischen Techniken überwiegend in das Aufwärmprogramm eingebunden, darüber hinaus werden Schwächen mit Zusatzübungen trainiert. Außerdem werden Partner- und Schussübungen an den Torwart abgegeben, damit er auf seine eigene Technik achten und sie verbessern kann.
Die aktiven Pausen werden oft mit lockeren Ballübungen ausgefüllt. Das kann Jonglieren, Führen, Passen o. Ä. von Bällen sein.
Der Torwarttrainer kann die Trainingseinheiten als Vorlage nehmen, sollte sie jedoch entsprechend den individuellen Stärken und Schwächen seiner Leute gestalten und auf die Inhalte des Mannschaftstrainings achten.

Grundstellung

Die Grundstellung als gute Ausgangsstellung ist wichtig, um richtig in die Spielsituation eingreifen zu können.
Die richtige Grundstellung verhindert einen Zeitverlust bei der Aktion des Torwarts während des Spiels. Aus dieser Stellung heraus werden dann die nötigen Torwarttechniken ausgeführt, um den Ball zu erreichen.
Bei der Grundstellung stehen die Füße in Hüftbreite, die Zehenspitzen weisen nach vorne. Dabei ruht das

1

2

Aufnehmen und Fangen
1: Ball sichern an der Brust
2: Fingerhaltung

Körpergewicht auf den Fußballen. Knie und Hüften sind leicht gebeugt, der Oberkörper ist leicht schräg nach vorne geneigt. Die Oberarme hängen nach unten, während die Unterarme um fast 90 Grad angewinkelt sind. Die Handgelenke sind gestreckt. Die Hände sind geöffnet, die Handinnenflächen zeigen zueinander. Der Kopf ist aufgerichtet, und die Augen verfolgen aufmerksam die Spielhandlung.

Allgemeines zum Aufnehmen und Fangen von Bällen

Beim Aufnehmen oder Fangen von Bällen ist grundsätzlich auf die Ballkontrolle zu achten. Jeder Ball sollte vom Torhüter so früh wie möglich aufgenommen werden, das heißt, er wartet nicht auf den Ball, sondern geht diesem entgegen. Weiterhin sollte jeder Ball schnell an den Körper herangezogen werden, um ihn sicher kontrollieren zu können. Bei dieser Körperkontrolle müssen zuerst die Fingerspitzen den Ball berühren, dann die Handinnenflächen, und letztlich umschließen ihn Arme und Körper. Beim Aufnehmen flacher, halbhoher und hoher Bälle werden unterschiedliche Techniken angewandt.

Aufnehmen flacher Bälle
1: Ausgangsstellung
2: Entgegenkommen
3: Aufnehmen
4: Sichern

1

2

Aufnehmen flacher Bälle

Dabei stehen die Füße in Laufrichtung. Der Körper ist hinter dem Ball. Die Beine sind fast gestreckt. Die Hände gehen dem Ball entgegen, wobei sie schaufelförmig nach unten zeigen. Der Ball wird zuerst mit den Fingerspitzen berührt, dann umschließen ihn die Daumen seitlich, und die Hände bringen ihn mit einer Baggerbewegung nach oben an die Brust.

Fangen halbhoher Bälle

Einen Ball, der sich in Bauchhöhe dem Tor nähert, kann man direkt am Körper mit Händen und Armen umschließen. Bälle in Brusthöhe sollten mit entgegengestreckten Händen gefangen werden. Wieder berühren die Fingerspitzen zuerst den Ball, dann

1

3

4

die Handinnenflächen. Die beiden Daumen und Zeigefinger zeigen hinter dem Ball zueinander, damit er nicht durchrutscht. Der Ball muss nun schnell an den Körper gezogen werden. Er sollte nicht auf die Brust prallen, denn die Gefahr, dass er zurück ins Spielfeld springt, ist zu groß.

2

3

Fangen halbhoher Bälle
1: Entgegenkommen
2: Aufnehmen
3: Sichern

1

2

Fangen hoher Bälle

Beim Fangen von hohen Bällen sind die Finger gespreizt, die Daumen und Zeigefinger zeigen zueinander. Die Fingerspitzen berühren zuerst den Ball, dann umschließen ihn die Handflächen. Unmittelbar danach wird der Ball an die Brust gezogen. Hohe Bälle, insbesondere Flanken, werden vor dem Kopf gefangen, nie hinter dem Kopf oder mit nach hinten gestrecktem Oberkörper.
Bei hohen Bällen muss der einbeinige Absprung mit dem ballnahen Bein durchgeführt werden. Das andere Bein wird als Schwungbein eingesetzt und während des Sprungs in Hüfte und Knie nach vorne angewinkelt. Damit dient es als Schutz vor heranstürmenden Spielern. Die Landung erfolgt auf dem Absprungbein. Am besten ist es, wenn der Torhüter den Ball am höchsten Punkt seiner eigenen Flugphase erreicht.

3

4

Fangen hoher Bälle
1: Ausgangsposition
2: Absprung
3: Entgegenkommen
4: Aufnehmen

Fausten

Das Fausten wird eingesetzt, wenn der Torwart im Kampf um den Ball von vielen Gegenspielern angegriffen wird oder gerade noch mit einer Hand an den Ball gelangen kann. Der Ball sollte dabei zu einem Mitspieler oder in den freien Raum gefaustet werden. Er kann mit einer Faust oder mit zwei Fäusten gespielt werden. Meist wird nach einem einbeinigen Absprung gefaustet, seltener nach einem beidbeinigen, da solche Bälle auch zu fangen sind.

Fausthaltung

Fausten mit einer Faust
1: Absprung
2: Entgegenkommen
3: Ballberührung
4: Durchschwingen

1

2

Fausten mit einer Faust

Nach dem einbeinigen Absprung werden Füße und Oberkörper leicht nach hinten genommen, und die Hüfte wird nach vorne geschoben. Die damit erzeugte Bogenspannung benötigt der Torwart zum weiten Wegfausten. Gleichzeitig wird die Faust gebildet. Der Arm und die Schulter werden zurückgezogen, sodass sich Faust und Ellenbogen auf Schulterhöhe befinden. Der Daumen ist außerhalb der Faust. Kurz vor der Ballberührung klappt der Körper nach vorne, und Schulter und Arm werden nach vorne geschnellt. Die Faust wird bei dem Nach-vorne-Bringen aus der senkrechten in die waagrechte Haltung gedreht. Der Ball wird etwas unterhalb der Mitte getroffen. Nach der Ballberührung mit den Fingerknöcheln und den unteren Fingergliedern zeigen Arm und Faust in Ballrichtung.

Fausten mit zwei Fäusten
1: Absprung
2: Entgegenkommen
3: Ballberührung
4: Durchschwingen

1

2

3

4

Fausten mit zwei Fäusten

Nach dem Absprung baut der Torwart die Bogenspannung im Körper auf. Gleichzeitig werden die Hände vor die Brust geführt und zu Fäusten geballt. Die Fingerknöchel drücken gegeneinander, und die Daumen liegen auf den Fäusten. Mit der Faustfläche aus Knöcheln und unteren Fingergliedern wird der Ball gespielt. Kurz bevor dieser die Fäuste berührt, werden Oberkörper und Beine nach vorne gebracht, und mit dieser Klappbewegung und dem Strecken der Arme wird der Ball weggefaustet. Er sollte etwas unterhalb der Mitte getroffen werden, damit er eine bogenförmige Flugbahn erhält.

3

4

1

2

3

1

2

3

Oben:
Hechten nach
flachen Bällen
1: Ausgangsposition
2: Zwischenschritt
3: Absprung
4: Flugphase
5: Ballaufnahme
6: Ball sichern

Hechten

Wenn gutes Stellungsspiel oder schnelles Erlaufen des Balls vergeblich sind, ist das Hechten, Werfen oder Tauchen nach ihm die letzte Möglichkeit für den Torwart, einen Treffer zu verhindern. Das Hechten nach dem Ball sollte möglichst aus der seitlichen Laufbewegung heraus erfolgen, denn damit wird eine größere Sprungweite erzielt. Der Absprung erfolgt mit dem ballnahen Bein. Das Gegenbein wird als Schwungbein angewinkelt hochgezogen. Der gesamte Körper, besonders die Hüfte, ist gestreckt. Die Arme sind ebenfalls gestreckt und leicht nach vorne abgewinkelt. Die Handinnenflächen zeigen zum Ball und umschließen ihn fest. Dabei ist eine Hand hinter und die andere auf dem Ball. Die Landung erfolgt auf der bodennahen Körperseite, nicht auf dem

4

5

6

4

5

6

Ellenbogen, den Knien oder dem Bauch. Nach der Landung wird der Ball schnell an die Brust gezogen. Das Hechten muss immer dem Ball entgegengerichtet sein, damit die Strecke zwischen Torhüter und Ball so gering wie möglich ist. Falls ein Ball nicht mehr gefangen werden kann, muss er mit der Handinnenfläche nach außen abgelenkt werden. Dabei ist neben der Körperstreckung auf die Streckung des Handgelenks zu achten.

Beim Hechten nach hohen Bällen ist auch das Übergreifen erlaubt. Die rechte Hand wird beim Sprung in die linke Torecke über den Körper zum Ball hingeführt. Beim Sprung in die rechte Ecke greift die linke Hand über die rechte Hand, um den Ball zu erreichen. Durch dieses Übergreifen wird eine größere Reichweite erzielt, jedoch können die Bälle dabei nicht gefangen, sondern nur abgelenkt werden.

Unten:
Hechten nach hohen Bällen
1: Zwischenschritt
2: Absprung
3: Entgegenkommen
4: Ballberührung
5: Drehung
6: Landung

Abstoß, Abschlag

Der Abstoß des Torwarts wird meist als Innenseitstoß oder Vollspannstoß in der Technik der Feldspieler ausgeführt. Beim Abschlag spielt der Torwart den Ball aus den Händen. Der Abschlag wird meist als Volley, seltener als Dropkick durchgeführt.
Beim Volley wird der Ball nach dem Verlassen der Hand und dem Schwungholen des Schussbeins mit dem fast gestreckten Bein zentral getroffen. Das Schussbein schwingt nach vorne aus.
Der Dropkick ist technisch anspruchsvoller, denn der Ball wird direkt, d. h. kurz nachdem er Bodenkontakt hatte, mit dem Vollspann gespielt. Der Vorteil dieser Schusstechnik ist die flache Flugbahn und damit das schnelle Erreichen des Mitspielers.

1

2

3

Abstoß
1: Anlauf
2: Schwung holen
3: Durchschwingen

1
2
3
4

1
2
3
4

Links: Abschlag
1: Anlauf
2: Ball loslassen
3: Schwung holen
4: Durchschwingen

Rechts: Dropkick
1: Anlauf
2: Ball loslassen
3: Bodenberührung
4: Durchschwingen

Abrollen, Abwurf

Das Abrollen und der Abwurf sind für den Torwart die sichersten Techniken, einem Feldspieler über kürzere oder mittlere Distanz den Ball zuzuspielen.

Links: Abrollen
1: Schwung holen
2: Bodenberührung
3: Durchschwingen

1

Rechts: Schwungwurf
1: Ausgangsposition
2: Schwung holen
3: Ball nach vorne führen
4: Durchschwingen

2

3

1

2

3

4

Das Abrollen ist nur für kurze Distanzen zu empfehlen, da der Ball nur mit einer geringen Geschwindigkeit gerollt werden kann und die Gefahr besteht, dass ihn ein Gegenspieler erläuft.
Beim Abrollen ist darauf zu achten, dass sich der Torhüter tief genug beugt, damit der Ball nach dem Verlassen der Hand nicht springt, sondern flach und ruhig zum Mitspieler rollt.
Der Abwurf kann als Schlagwurf oder Schwungwurf erfolgen. Mit dem Schlagwurf werden kurze und mittlere Distanzen überwunden, und der Mitspieler kann diesen Ball gut annehmen, da er meist ohne Effet geworfen wird. Beim Schlagwurf wird der Ball seitlich leicht über den Kopf geführt und mit einem geraden Zug nach vorne abgegeben. Die Hand wird dabei flach hinter dem Ball gehalten. Die Flugkurve ist flach und gerade.
Mit dem Schwungwurf werden mittlere bis längere Distanzen überwunden. Dabei wird der Ball seitlich neben den Körper geführt und mit der Hand und dem Unterarm in einer Art Schaufel gehalten. Anschließend wird er von der Seite aus nach oben und mit dem langen Beschleunigungsweg nach vorne geführt. Der Arm wird im Ellenbogen- und Handgelenk gestreckt. Die Hand bleibt so lange wie möglich mit dem Ball in Kontakt.
Beim Abrollen und beim Abwurf muss der Torwart auf die gekreuzte Koordination achten. Beim rechten Wurfarm ist das linke Bein als Stemmbein nach vorne gestellt. Das Gleiche gilt für den linken Arm, der als Schwungarm von vorne nach hinten geführt wird.

1

2

3

4

Schlagwurf
1: Ausgangsposition
2: Schwung holen
3: Ball loslassen
4: Durchschwingen

Der Wurfarm wird gleichzeitig mit dem Ball von hinten nach vorne gebracht. Bei Linkshändern gilt die gekreuzte Koordination für Beine und Arme umgekehrt.

Torwartspezifische Taktik

Neben der Technik ist die torwartspezifische Taktik für das Fußballspiel von ausschlaggebender Bedeutung. Sie gliedert sich in Verteidigungstaktik und Angriffstaktik. In erster Linie gilt das Handeln des Torhüters dem Verhindern eines gegnerischen Treffers. Aber auch das Einleiten von Angriffen der eigenen Mannschaft gehört zur Torwartausbildung.
Folgende Spielsituationen müssen im Training theoretisch durchgesprochen und praktisch ausgeführt werden:

- Stellungsspiel
- Dirigieren der Abwehr
- Eckbälle
- direkte und indirekte Freistöße
- Strafstoß
- weite Einwürfe
- Anstoß
- Abstoß, Abschlag, Abwurf
- Mannschaftstaktik

Im Training muss das taktische Verhalten durchgesprochen und geübt werden. Auf einem Blatt Papier wird das Stellungsspiel des Torwarts bei verschiedenen Spielsituationen aufgezeichnet und erläutert.
Bei Flanken, Freistößen und Eckbällen ist vor allem auch an die Positionen der Feldspieler zu denken. Diese können ohne die Beteiligung der Mannschaftsmitglieder aufgezeichnet werden, sollten im Bezug zum Spiel aber mit ihnen besprochen und geübt werden. Der Torwart sollte beim Dirigieren der Abwehr das Vertrauen des Trainers und seiner Mitspieler haben. Sie müssen auf die Anweisungen des Torwarts reagieren.
Das geschickte Verhalten in Spielsituationen (Taktik) kann auch in individual-, gruppen- und mannschaftstaktische Maßnahmen eingeteilt werden. Beim Torwarttraining ohne Mannschaft ist ein gruppentaktisches Training mit Abwehrspielern oder ein mannschaftstakisches Training nicht möglich; hier steht die Individualtaktik im Vordergrund. Im Einzeltraining wird auf das individuelle Verhalten des Torhüters in Spielsituationen eingegangen. Im Abwehrverhalten sind dies: das Stellungsspiel, das Abwehren von Flanken, die Standardsituationen wie Freistöße oder Elfmeter, das Herauslaufen oder die Verarbeitung von langen Bällen im Strafraum.

Stellungsspiel

Das Stellungsspiel bezieht sich immer auf die Position des Torwarts zwischen Tor und Ball. In jeder brenzligen Situation, insbesondere beim Torschuss, sollte der Torwart die Füße am Boden haben, denn nur bei Bodenkontakt kann er nach allen Richtungen reagieren. Allgemein gilt: Je näher der Torhüter am Ball ist, desto

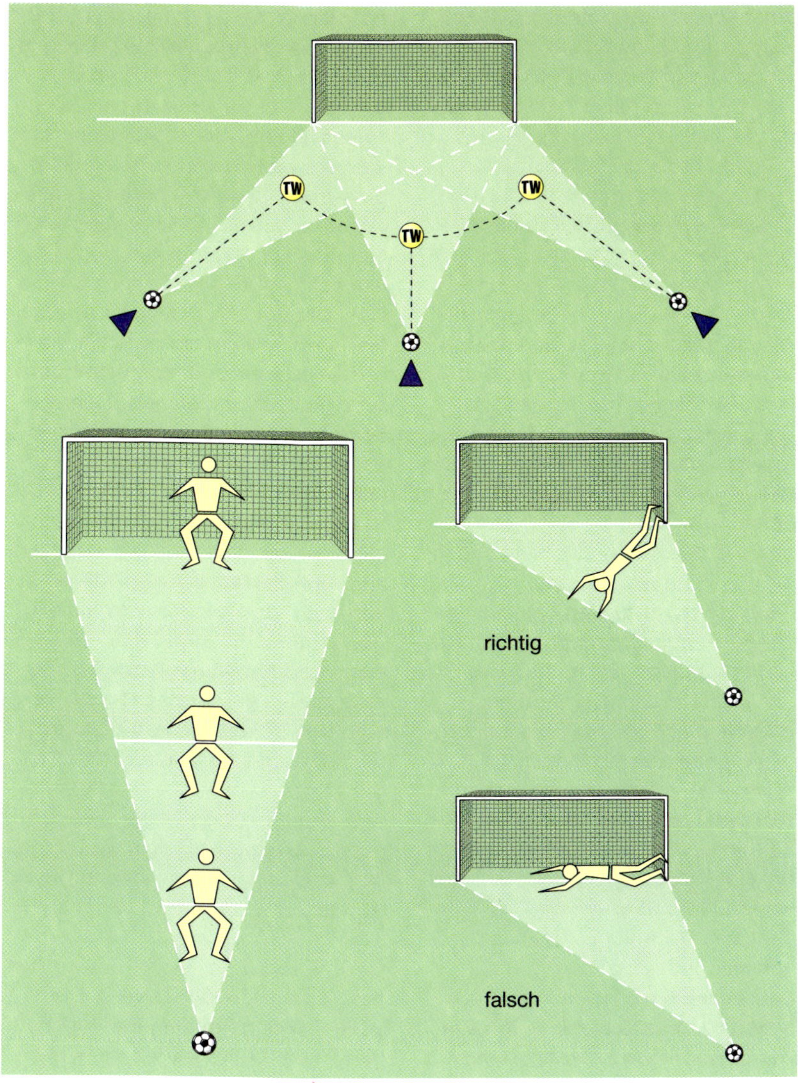

Stellungsspiel des Torhüters.

mehr deckt er das Tor mit seinem Körper ab. Außerdem sollte er sich auf der Winkelhalbierenden, welche die zwischen dem Ball und den beiden Torpfosten entstehenden Geraden teilt, bewegen.

Eins gegen Eins, Herauslaufen

Das Sich-zum-Ball-hin-Bewegen, um den Winkel zu verkürzen, bedingt ein weiteres Verhalten: Beim Eins gegen Eins sollte der Torhüter so lange wie möglich auf den Füßen bleiben. Er sollte sich möglichst breit machen, damit der Feldspieler nicht den Ball an ihm vorbei schießt. Die Körperhaltung ist dabei tief gebeugt, und die Handinnenflächen zeigen neben den Beinen zum Ball hin. Der Torwart kann nun durch das Werfen oder Tauchen des Körpers vor den Ball diesen dem angreifenden Spieler abnehmen. Dabei ist neben der breiten, tiefen Körperhaltung auf schnelles und entschlossenes Handeln zu achten.
Einem hoch gespielten Ball muss der Torwart entgegengehen, um ihn möglichst früh, nämlich am höchsten Punkt der Torhüterflugkurve, zu erreichen. Langen Bällen sollte er ebenfalls entgegengehen. Das gilt auch für Rückpässe, die vom Feldspieler immer neben das Tor gespielt werden sollten. Bei Bällen, die von einem Mitglied der gegnerischen Mannschaft direkt von der Toraußenlinie gespielt werden, sollte sich der Torwart am ballnahen Pfosten aufstellen und zur Spielfeldmitte hin orientieren (1 bis 3 Meter), damit er einen Rückpass in den 5-Meter-Raum abfangen kann.

Standardsituationen

In Standardsituationen sollte der Torwart seine Abwehrspieler klar dirigieren können. Bei Eckbällen und Freistößen von außen positioniert er sich in der hinteren Torhälfte. Falls die Ecken und Freistöße vom Tor weg gespielt werden, stellt er sich etwa 2 bis 4 Meter vor das Tor. Falls die Bälle zum Tor hin gespielt werden, stellt er sich etwa 1 bis 3 Meter vor die Torlinie. Bei Freistößen von Halbpositionen ist das Verhalten ähnlich wie bei Flanken oder Eckbällen.
Bei Freistößen hat der Torhüter die Mauer so auszurichten, dass er den Ball von seiner Position aus sehen kann. Die Torwartecke ist so gut abzudecken, dass kein Ball dort ins Tor gehen kann. Bei indirekten Freistößen ist darauf zu achten, dass der Ball meist zur Spielfeldmitte hin vorgelegt wird und sich der Torwart ebenso zur Tormitte hin bewegen sollte.
Als weitere Standardsituation wird im Angriff häufig der weite Einwurf eines Spielers genutzt. Fängt der Torwart den Einwurf in der Luft ab, ist die Situation geklärt. Häufig werden die Bälle jedoch von einem Angriffsspieler durch einen Kopfball verlängert. Deswegen sollte der Torwart einen Abwehrspieler vor den Angreifer stellen und sich selbst in der Tormitte positionieren. Indem der Torhüter ungefähr 1 bis 3 Meter vor der Torlinie steht, kann er in der Regel die verlängerten Bälle abfangen, andernfalls besteht die Gefahr, dass diese über ihn hinweggeköpft werden.
Beim Strafstoß kann der Torwart nur gut abschneiden, denn man räumt ihm von vornherein nur wenig Chancen ein. Wie er jedoch im Endeffekt

reagieren sollte, bleibt jedem selbst überlassen. Es gibt Torhüter, die sich vorab für eine Ecke entscheiden, in die sie springen, andere bleiben lange stehen und vertrauen auf ihr gutes Reaktionsvermögen.
Der Anstoß kann heute direkt auf das gegnerische Tor gespielt werden. Deshalb muss sich der Torwart aufmerksam und nahe an seinem Tor aufhalten, damit er nicht von einem Torschuss überrascht wird.

Angriff

Eine weitere wichtige Aufgabe des Torhüters ist das Einleiten von eigenen Angriffen. Voraussetzung dafür ist der Ballbesitz. Der Torwart fängt den Ball und ist mit einem schnell und gut ausgeführten Abstoß, Abschlag, Abwurf oder Passspiel dann der erste Angriffsspieler seiner Mannschaft. Dabei sind taktisches Mannschaftsverhalten, Spielstand und Können von großer Bedeutung.
Das Können des Torwarts bezieht sich in diesem Fall auf die Techniken des Abstoßes, Abschlags, Abwurfs und Passspiels. Das Passspiel hat seit den Regeländerungen an Bedeutung gewonnen. Ein Torwart mit guten fußballtechnischen Fähigkeiten kann öfter ins Spiel einbezogen werden. Aber auch technisch schwächere Torhüter müssen in Notsituationen den Ball mit dem Fuß spielen. In besonderen Fällen kann eine Mannschaft zum Beispiel auf Konter spielen, weil der Torwart in der Lage ist, einen weiten Abschlag zielgenau zum Mitspieler in die gegnerische Hälfte zu schießen. Ein Torwart mit schwachem Abschlag wird den Abwurf oder das Abrollen als Anspielvariante bevorzugen. In Spielen mit knappen Ergebnissen kann der Torwart als Angriffsspieler eine Überzahl im gegnerischen Strafraum schaffen. An den Techniken des Abstoßes, Abschlags, Abwurfs und Passspiels muss in den Trainingseinheiten gearbeitet werden, um in jeder Spielsituation richtig reagieren zu können.
Außer dem Einleiten eines Angriffs gibt es noch weitere mannschaftstaktische Maßnahmen, die Einfluss auf das Torwartspiel haben. Da der Torwart ein Teil der Mannschaft ist, muss er auch die Mannschaftstaktik kennen. Die Umsetzung der Viererabwehrkette verlangt vom Torwart ein Mitspielen. Er übernimmt einen Teil der Funktionen des Liberos, das heißt, er steht weit vor seinem Tor und kann lang geschlagene Bälle vor den heranstürmenden Gegnern wegspielen.
Der Trainer muss dem Torhüter seine Vorstellung von der Spielfortsetzung sowie die taktischen Maßnahmen deutlich machen, um unnötige Konflikte während des Spiels zu vermeiden.

Jean-Marie Pfaff (S. 122) vor dem heranstürmenden Jürgen Klinsmann.

Trainingswissenschaftliche Grundlagen

Die Trainingswissenschaft beschäftigt sich mit der Theorie und die Trainingslehre mit der Praxis des Trainings.
Im Training steht auch immer der Umgang mit Personen im Mittelpunkt. Es gibt Interaktionen zwischen Trainer und Sportler, die eine Veränderung der Persönlichkeit nach sich ziehen. Deswegen wird das Fußballtraining als pädagogisch-didaktischer Prozess einerseits und als biologischer Reiz-Reaktionsprozess andererseits verstanden. Pädagogisch-didaktisch bedeutet einen planmäßig gesteuerten Prozess mit dem Ziel, die Leistungsfähigkeit und Leistungsbereitschaft weiterzuentwickeln. Mit Reiz-Reaktionsprozess ist das Training ein Prozess, bei dem durch systematisch wiederholte, überschwellige Bewegungsreize körperliche und funktionelle Anpassungserscheinungen erzielt werden.

Trainingsplanung

Trainingsplanung ist ein auf das Erreichen eines Trainingsziels ausgerichtetes Verfahren, das den individuellen Leistungszustand berücksichtigt. Der Trainingsprozess wird vorausschauend und systematisch strukturiert. Die Planung orientiert sich an trainingspraktischen Erfahrungen und sportwissenschaftlichen Erkenntnissen.
Die Trainingsplanung ist ein wichtiger Faktor in der Steuerung des Trainingsprozesses und muss immer wieder

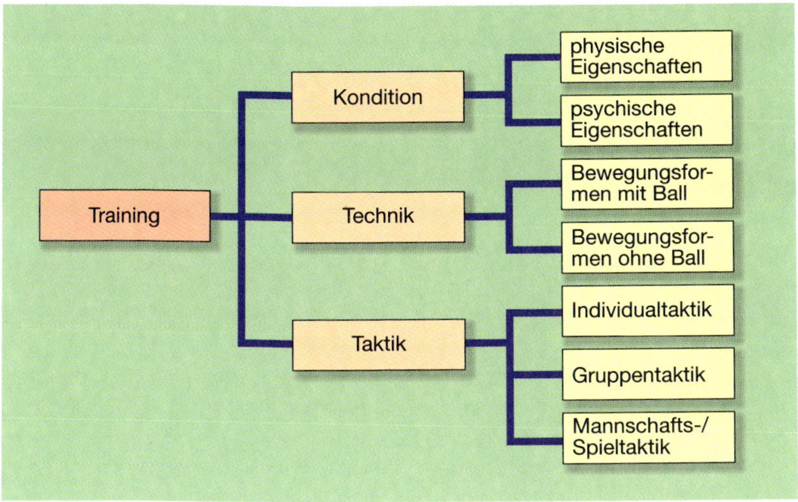

Training – ein komplexer Prozess.

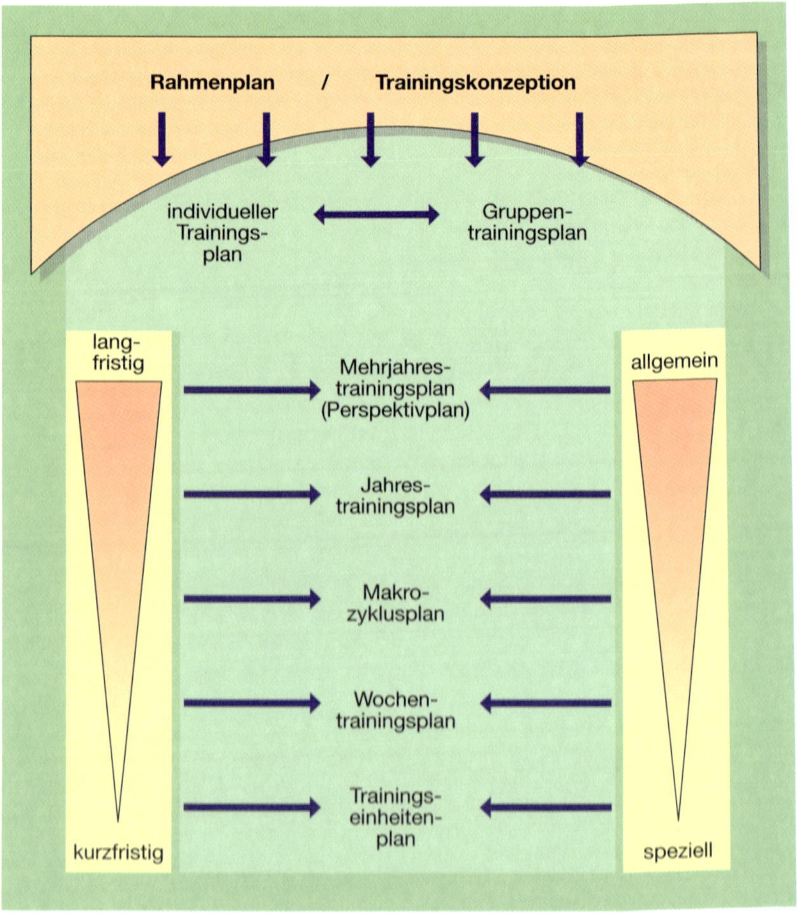

Trainingsplantypen, eingeteilt nach Zeit und Themen.

aufs Neue angepasst werden. Im Fußballsport richtet sich die Trainingsplanung oft nach der Saison. Der Jahresplan ist die Grundlage für weitere Planeinheiten. Da sich die sportliche Form zyklisch verhält, ergibt sich eine Periodisierung des Trainings. In der ersten Periode erwirbt man die Form, in der zweiten erhält man sie, und in der dritten sinkt sie etwas ab. Bei entsprechendem Training wird die Form danach auf einem höheren Niveau fortgeführt.

Einige Faktoren beeinflussen die Periodisierung. Es sind dies die sportartspezifischen Unterschiede, der unterschiedliche Leistungsstand und die individuellen Unterschiede.

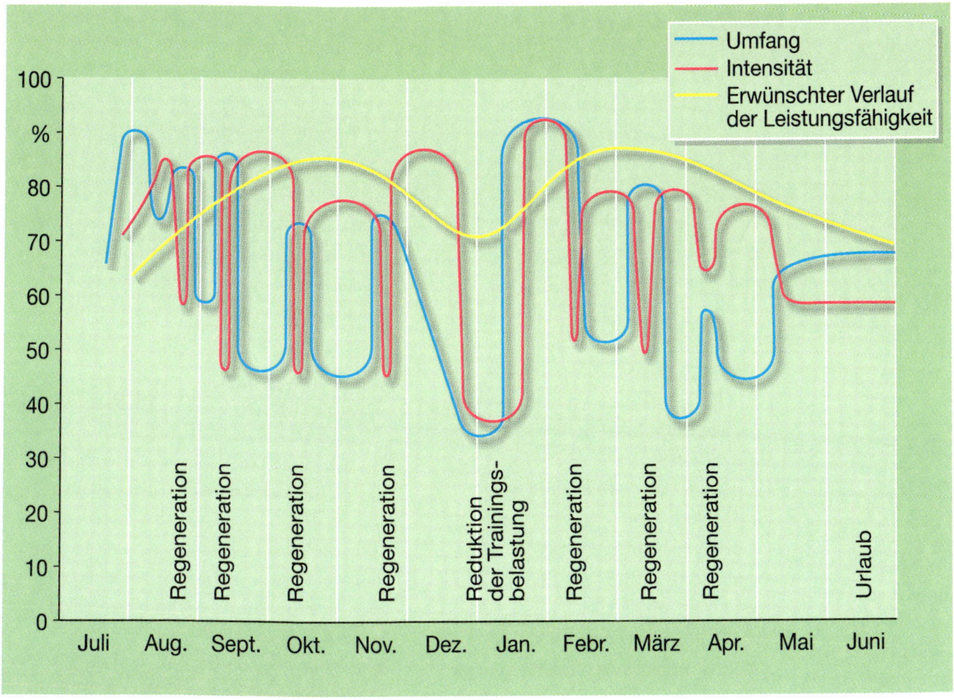

Periodisierung der Saison.

Im Fußball gilt folgende periodische Einteilung:

- Vorbereitungsperiode (4 bis 6 Wochen)
- 1. Wettkampfperiode (ca. 4 Monate)
- Zwischenperiode (ca. 2 Monate)
- 2. Wettkampfperiode (ca. 4 Monate)
- Übergangsperiode (4 bis 6 Wochen)

Für das Training bedeutet dies, dass im Saisonverlauf vom Umfang her gesehen geringere Einheiten eingebaut werden müssen. Auch vor der Winterpause sollten Trainingseinheiten geboten werden, die mit viel Spaß durchgeführt werden können, denn in dieser Zeit ist die Motivation der Spieler meist sehr niedrig. Die in den Trainingseinheiten vorgeschlagenen Leistungstests sollten nicht unvorbereitet in der ersten oder letzten Trainingseinheit erfolgen, sondern in der zweiten sowie in der vor- oder drittletzten Einheit vor der Winterpause. Erstens kann dann die Einheit vorbereitet werden, und zweitens sollte noch eine Auswertung und Besprechung folgen.

Trainingsziele

Die erste Einteilung der Trainingsziele setzt verschiedene inhaltliche Schwerpunkte, die zweite ist mehr eine zeitliche Einteilung, in der bestimmte Trainingsziele erreicht werden sollen. Oftmals wird die zweite Einteilung als zeitlicher Rahmen über die erste Einteilung gelegt.

Erste Einteilung

- Psychomotorische Lernziele: Sie beinhalten die konditionellen und technischen Fertigkeiten des Sportlers.
- Kognitive Lernziele: Sie beinhalten die geistige Tätigkeit des Sportlers, zum Beispiel Wissen oder Kenntnisse aus dem taktischen Bereich.
- Affektive Lernziele: Damit sind die Emotionen des Sportlers gemeint, die sich in Willensstärke, Selbstmotivation oder Selbstbeherrschung ausdrücken können.
- Soziale Lernziele: Sie werden im Verhalten, in der Einstellung und in der Interaktion untereinander deutlich.

Zweite Einteilung

- Leitlernziel: Übergeordnetes Trainingsziel, das in einem bestimmten Zeitraum erreicht werden soll; langfristig.
- Groblernziel: Trainingsziel, das in wenigen Trainingseinheiten zu erreichen ist; mittelfristig.
- Feinlernziel: Ziel innerhalb einer Trainingseinheit; kurzfristig.

Für jede Trainingseinheit müssen bestimmte Ziele festgesetzt werden. Jedoch sollte man auf keinen Fall zu viele Zielsetzungen vorgeben, weil diese oft nicht ausreichend erfüllt werden können.
Bevor verschiedene Ziele fest definiert werden, sind unter anderem folgende Faktoren zu beachten:

- Alter und Entwicklungsstand
- Leistungsstand
- Trainingsalter
- Trainingsperiode
- Trainingstag
- äußere Bedingungen
- aktuelle Erkenntnisse

Allgemeines Ziel des Torwarttrainings ist die Verbesserung der konditionellen, technischen und taktischen Fähigkeiten. Dazu kommt die Verbesserung der psychischen, sozialen und emotionalen Faktoren.
Konkrete Ziele müssen aus dieser Vielfalt von Möglichkeiten ausgewählt werden. Dazu gehört auch die Verbesserung der individuellen Schwächen eines Torwarts. In den Trainingseinheiten müssen die Ziele sinnvoll aufeinander aufbauen. Der Trainer muss sich immer wieder Gedanken um den Trainingsprozess machen. Dabei müssen neben den lang- und mittelfristigen Zielen auch kurzfristige Ziele eingebaut werden, die nicht auf dem Trainingsplan stehen, sondern aus den aktuellen Ereignissen erwachsen.

Trainingsinhalte

Als Trainingsinhalte bezeichnet man alle im Training durchgeführten Handlungsformen, über die ein bestimmtes Trainingsziel angesteuert wird. Im Wesentlichen sind dies die Übungsformen für das Torwarttraining, mit denen eine Verbesserung der Leistung erreicht werden soll. Daneben werden auch Spiel- und Wettkampfformen als Trainingsinhalte eingesetzt. Diese Übungs- und Spielformen bauen nach dem Schema Aufwärmen – Hauptteil – Ausklang systematisch aufeinander auf.

Belastungsmethoden

Im Folgenden werden verschiedene Belastungsmethoden vorgestellt, die für das Torwarttraining relevant sind. Sportliche Belastungen, die über der individuellen Reizschwelle liegen, führen zu einem Substanzabbau und zur Ermüdung des Körpers. Die verbrauchten Substanzen werden in der anschließenden Erholungsphase bei sportgerechter Ernährung in erhöhtem Maße im Körper angelagert. Die Anhebung des Organsystems auf ein neues Leistungsniveau nennt man Anpassung. Den biologischen Prozess bezeichnet man als Hyperkompensation.
Die nächste Trainingsbelastung sollte nach dem Prinzip der optimalen Relation von Belastung und Erholung innerhalb von 12 bis 72 Stunden im Höhepunkt der Hyperkompensation erfolgen. Leistungssteigerungen können langfristig nur durch Belastungssteigerungen erreicht werden.
Für das Training gibt es verschiedene Belastungsfaktoren:

- Reizintensität: Damit wird die Stärke eines Einzelreizes bezeichnet. Die Größe ist der zu überwindende Widerstand. Beim Krafttraining ist dies das Gewicht und beim Laufen die Geschwindigkeit.

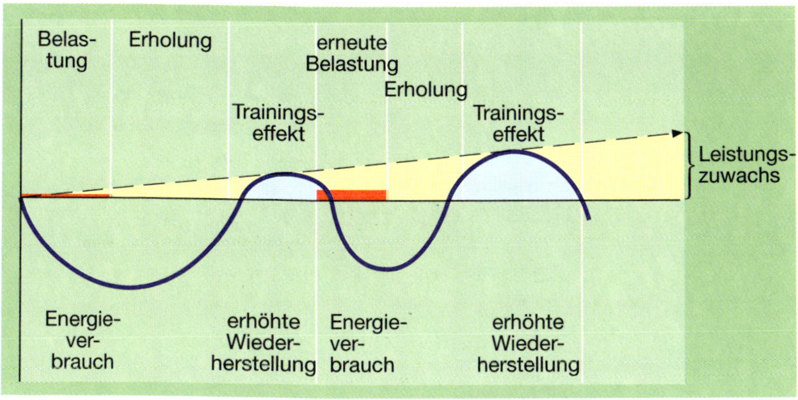

Positive Summation der Trainingseffekte.

- Reizdauer: Hier ist die Einwirkungszeit der gesetzten Belastungsreize gemeint. Die Dauer der Reize richtet sich nach dem Training. Diese ist beim Sprint kurz, beim Dauerlauf lang.
- Reizdichte: Mit Reizdichte wird die zeitliche Aufeinanderfolge der Reize und das Verhältnis von Belastung und Erholung bezeichnet. Mit ansteigender Reizdichte sollte die Pausenlänge zunehmen.
- Reizumfang: Dies ist das Produkt aus Dauer und Zahl der Reize pro Trainingseinheit. Zur Leistungssteigerung sollte zuerst der Reizumfang und dann die Reizintensität gesteigert werden.
- Trainingshäufigkeit: Es ist erwiesen, dass die Wirkung des Trainings größer ist, wenn häufiger mit geringem Umfang trainiert wird, statt seltener mit erhöhtem Umfang, bei gleichbleibender Gesamtbelastung.

Für das Torwarttraining ist eine zusätzliche Einheit kein Problem, jedoch muss der Trainingsumfang reduziert werden. Bei Ersatz des Torwarttrainings durch das Mannschaftstraining kann der Umfang des Torwarttrainings erhöht werden.

Für die Steuerung der Belastungen innerhalb der Trainingseinheiten sind verschiedene Methoden bekannt:

Richard Golz im Luftkampf.

Dauermethode:

Reizstärke	gering, bis 70 % des maximalen Leistungsvermögens
Reizdauer	lang, mindestens 20 Minuten
Reizumfang	sehr groß
Reizdichte	ohne Pausen
Trainingseffekt	allgemeine aerobe Ausdauer, Leistungsaufbau, Regeneration

Die Dauermethode ist überwiegend in der Vorbereitungszeit, für einfache technische Bewegungsabläufe und für die Ausdauerfähigkeit anwendbar. Für das Torwarttraining spielt sie nur eine untergeordnete Rolle.

Extensive Intervallmethode:

Reizstärke	gering, 60 bis 80 % des maximalen Leistungsvermögens
Reizdauer	kurz, 15 bis 180 Sekunden
Reizumfang	mittel, 15 bis 40 Wiederholungen
Reizdichte	60 bis 120 Sekunden (kurze, lohnende Pausen)
Trainingseffekt	aerobe und anaerobe Ausdauer, Kraftaufbau, Leistungserhaltung

Die extensive Intervallmethode findet im Torwarttraining häufig Anwendung. Sie ist bei Sprungübungen, beim Koordinationstraining oder beim Zirkeltraining einsetzbar. Ein Kraftaufbau ist möglich. Auch die Leistungsfähigkeit während der Wettkampfperiode, insbesondere bei zwei Spielen in einer Woche, wird durch die extensive Intervallmethode erhalten.

Intensive Intervallmethode:

Reizstärke	hoch, 70 bis 90 % des maximalen Leistungsvermögens
Reizdauer	kurz, 10 bis 180 Sekunden
Reizumfang	gering, 10 bis 15 Wiederholungen
Reizdichte	120 bis 180 Sekunden Pause
Trainingseffekt	Muskelaufbau, anaerobe Ausdauer, Schusskraft, Schnellkraft

Auch die intensive Intervallmethode wird im Torwarttraining angewandt. Schnellkraft und Schusskraft sind wichtige Faktoren für die Leistung eines Torwarts. Der Muskelaufbau ist gezielt bei Schwächen der Sprung- oder Oberkörpermuskulatur durchzuführen. Im Training wird dies unter hohen Belastungen bis an die Leistungsgrenze geübt. Dabei wird gleichzeitig der Wille geschult.

Wiederholungsmethode:

Reizstärke	hoch, 80 bis 100 % des maximalen Leistungsvermögens
Reizdauer	kurz, 5 bis 30 Sekunden
Reizumfang	gering, 1 bis 5 Wiederholungen
Reizdichte	2 bis 5 Minuten Pause (vollständige Erholung)
Trainingseffekt	Schnellkraft, Maximalkraft, Leistungssteigerung, Ausbau der Höchstleistungsgrenze

Die Wiederholungsmethode findet im Torwarttraining weniger Anwendung, mit Ausnahme bei Schnelligkeits- oder Sprungkrafteinheiten, bei denen die Grenze der Belastbarkeit erreicht werden soll. Im Training mit dem Ball spielt diese Methode kaum eine Rolle.

Erziehungsmethoden

Die Erziehungsmethoden aus der Pädagogik spielen auch im Sport eine nicht unwesentliche Rolle. Sie werden eingeteilt in die drei Grundrichtungen: autokratischer, demokratischer und Laissez-faire-Stil. Jeder Trainer sollte seinen individuellen Stil finden, ihn vertreten und im Training entsprechend umsetzen. Dabei kann er durchaus auch erzieherische Maßnahmen ergreifen. Durch seine Persönlichkeit und die Trainingsvorgaben übt er einen positiven Einfluss auf die Entwicklung des Torwarts aus. Es kommt dadurch zur Entfaltung und Veränderung der körperlichen und geistigen Anlagen, und es bildet sich eine Gesamtpersönlichkeit heraus.

Vermittlungsmethoden

Man unterscheidet Lehr- und Lernmethoden. Lehrmethoden sind alle vom Trainer ausgehenden Handlungen, die zur Auslösung von Lernprozessen führen. Lernen beinhaltet alle Verhaltensänderungen, die aufgrund von Erfahrungen zustande kommen und zur dauerhaften Verhaltensänderung führen.

Hier einige Methoden, die der Trainer einsetzen kann:

- Darbietung: Darbietungsformen sind Vormachen, Vorführen, Vorzeichnen, Erzählen, Berichten, Beschreiben, Vorlesen, Vortragen, Erklären.
- Impulsgebung: Beispielsweise wird ein Feld abgesteckt, und man verteilt Bälle darauf; dann fangen die Torhüter ohne Vorgaben an, mit dem Ball zu arbeiten.
- Fragestellung: Der Trainer kann gezielt Fragen stellen, die zur Ausführung einer Aufgabe führen.
- Gespräch: Bei Problemen, Aufgabenstellungen oder neuen Bewegungsabläufen ist ein Gespräch mit den Torwarten oft hilfreich. Bei der

Leistungskontrolle oder Wettkampfauswertung sind Gespräche erforderlich.

> Die Übungen sollten immer nach dem Prinzip
> • vom Leichten zum Schweren
> • vom Bekannten zum Unbekannten
> • vom Einfachen zum Komplexen
> durchgeführt werden.

Eine wichtige Aufgaben des Trainers ist es, Fehlerkorrekturen durchzuführen. Der Trainer sollte nur bei wiederholten Fehlern verbessernd eingreifen und nur einen, den wesentlichen Fehler ansprechen. Lob und Tadel sind weitere Faktoren, die eine Leistungsförderung bewirken können. Dabei ist beides gezielt einzusetzen, damit das Selbstvertrauen und Selbstwertgefühl, aber auch die Kritikfähigkeit des Spielers erhöht werden.

Im Training der Ballsportarten sind drei Methoden der Trainingsgestaltung üblich.

1. Übungsmethode: Konditionelle, technische und taktische Elemente werden in isolierter Form durch vielfaches Wiederholen eingeübt.
2. Spielmethode: Kondition, Technik und Taktik werden in ganzheitlicher Form durch unterschiedliche Spielformen eingeübt. Dabei wird die komplexe Spielfähigkeit durch Steigerung der Spielformen trainiert.
3. Indirekte Spielmethode, komplexe Übungsmethode: In diesem Fall werden einfache Spielsituationen aus dem komplexen Spiel herausgelöst und in Übungsformen wiederholt eingeübt.

Stefan Klos (S. 121) bei einer Flugparade für Dortmund.

Jens Lehmann (S. 122) im Dortmunder Trikot.

Altersgemäße Trainingsgrundsätze

Bambini, F-, E-Jugend (4 bis 10 Jahre)

Die hier zusammengefassten Altersstufen der ersten Lernphase weisen naturgemäß Unterschiede auf. Das kann am Alter, am Eintritt in den Sportverein bzw. am ersten Kontakt mit dem Sport sowie am Entwicklungsstand des jeweiligen Kindes liegen. Obwohl die Leistungsunterschiede bei Kindern groß sind, besitzen sie alle einen ähnlich stark ausgebildeten Spieltrieb. Dieser wird im Fußball durch Bewegungsformen mit dem Ball befriedigt. Mit viel Fantasie erlernen die Kinder die motorischen Grundeigenschaften wie Laufen, Springen, Werfen und Fangen.
Im Alter zwischen ca. 4 und 10 Jahren werden die ersten Erfahrungen im Umgang mit dem Fußball gesammelt. Die Kinder versuchen, die Eigenschaften ihres Spielobjekts einzuschätzen. Ihre Ich-Bezogenheit sollte beachtet werden, die sich im Spiel zwischen Kind und Ball äußert. Deswegen sollte im Training für jedes Kind ein eigener Ball zur Verfügung stehen.
In diesem Alter kann noch kein Kind speziell als Torwart bestimmt werden, vielmehr sollten alle Kinder diese Position mit den entsprechenden Übungen des Passens, Stoppens und Schießens durchspielen.

D-Jugend (10 bis 12 Jahre)

Dies ist das ideale Lernalter. Jetzt sollten die technischen Fertigkeiten besonders gefördert und geschult werden. In diesem Alter werden die durch die Trainingsaufgaben gesetzten Reize von den Kindern neugierig angenommen und aufgrund der guten geistigen und körperlichen Aufnahmefähigkeit schnell umgesetzt. Es werden auch bereits taktische Maßnahmen ergriffen, um im Wettkampf zu bestehen. Wie von der Schule her gewohnt, sind die Kinder bereit, kurzen Anweisungen des Trainers zuzuhören. Da ihre Zielorientierung, als Mannschaft zu gewinnen, bereits ausgeprägt ist, werden ihnen gruppendynamische Aufgabenstellungen verständlicher.
Der Ball als Spielobjekt steht im Vordergrund und wird mit viel Geschick behandelt.
Dieses Geschick sollte der Trainer durch Aufgabenstellungen, die außerhalb des Trainings durchgeführt werden können, fördern. Er hat bei dieser Altersgruppe eine besondere Vorbildfunktion. Durch das Vormachen des Trainers und das Nachmachen der Kinder können gute Lernerfolge erzielt werden.
Für den Torwart ist dies der richtige Zeitpunkt für eine Spezialisierung. Man sollte ihm jetzt ein zusätzliches Training anbieten, wobei er nach wie vor am Mannschaftstraining teilnehmen muss.

C-Jugend (12 bis 14 Jahre)

In diesem Alter kommen die jungen Sportler in die puberale Entwicklungsphase, und es entsteht ein Interessenskonflikt zwischen Sport und anderen Freizeitaktivitäten. Durch die Sexualreife und die damit einhergehenden Spannungen entstehen häufig Konflikte im Elternhaus oder in der Schule.
Die Jugendlichen berechnen immer mehr ihr Handeln und wägen Vor- und Nachteile ab.
Diese Veränderungen spiegeln sich auch in den Leistungen im Fußball wider.
Der Trainer hat besonders bei dieser Altersgruppe auf ein interessantes und abwechslungsreiches Training zu achten, um die Spieler von ihren inneren Spannungen und Problemen abzulenken.
Die Entwicklungsphase des Lernalters für die Techniken läuft aus. Nun gewinnen die konditionellen Gesichtspunkte mehr an Bedeutung. Der Trainer muss in diesen Bereichen Reizpunkte setzen und immer praxisbezogener spielen lassen. Dadurch lernen die Jugendlichen ihre Stärken und Schwächen abzuschätzen.
Neben der Technikschulung ergeben sich nun für den Torwart neue Trainingsschwerpunkte wie Kraft, Koordination, Beweglichkeit usw. Er baut in diesem Alter oft eine persönliche Beziehung zu seinem Trainer auf, die dieser durch Gespräche intensivieren kann.

B-Jugend (14 bis 16 Jahre)

Zwischen 14 und 16 Jahren werden die Sexualmerkmale weiter ausgeprägt und der Jugendliche findet seine eigene Identität. Er kann nun seinen Standpunkt vertreten und begründen. Der Trainer muss die neue Situation berücksichtigen. Der Jugendliche ist jetzt im Bereich der motorischen Lernfähigkeit begrenzt. In diesem Alter ist es schwierig, neue Techniken zu erlernen; meist werden die bestehenden gefestigt und weiter automatisiert.
Konditionell ist der Jugendliche jetzt meist bereit, viel Einsatz zu bringen, jedoch sollte seine körperliche Entwicklung, beispielsweise das Längenwachstum, beachtet werden. Im kognitiven Bereich ist für die Taktik eine sehr gute Aufnahme- und Verarbeitungsfähigkeit vorhanden. Auch die Kritikfähigkeit kann verstärkt geschult werden.
Dies ist die Zeit, in welcher der Sportler die ersten konkreten Zukunftsabsichten ausspricht, worauf der Trainer reagieren muss.
Das Training des Torwarts ist nun in erster Linie darauf ausgerichtet, dessen Schwächen abzubauen. Auch muss er jetzt im taktischen Bereich verstärkt geschult werden. Wenn es dem Jugendlichen mit seinem Wunsch, Torwart zu sein, ernst ist, sollte ihm der Trainer nach und nach immer mehr Einsatz abverlangen.

Hans-Jörg Butt und Oliver Reck beim Elfmeterduell.

A-Jugend (16 bis 18 Jahre)

In dieser Phase sind die Wachstumsvorgänge im menschlichen Körper nach und nach abgeschlossen. Die körperliche Leistungsfähigkeit des Jugendlichen erreicht mit Ausnahme der Maximalkraft und Schnelligkeitsausdauer das Niveau des Erwachsenen. Durch die endgültige Ausprägung und Verfestigung der geistigen und psychischen Fähigkeiten kann jetzt die sportliche Spezialisierung eingeleitet werden. In diesem Alter unterscheidet sich das Torwarttraining für die Jugendlichen kaum von dem für Senioren. Beide Altersgruppen können die Übungen gemeinsam durchführen. Das taktische Verhalten wird weiter geschult. Im Training werden immer individuellere Inhalte angeboten, wobei der Jugendliche nun selbst sagen sollte, was er gerne trainieren möchte.
Bei den 16- bis 18-Jährigen fällt auch die Entscheidung über ihren weiteren sportlichen Werdegang. Wenn der Trainer mit diesem Problem konfrontiert wird, sollte er dem Betreffenden offen und ehrlich seine Meinung sagen.

Pat Jennings (S. 121), über 20 Jahre Profitorwart.

Das neue Trainingskonzept

Die nachfolgenden Ausarbeitungen ersparen dem Trainer viel Arbeit. Einerseits kann das Grundkonzept übernommen und mit neuen Inhalten gefüllt werden, andererseits können auch ganze Einheiten im Training umgesetzt werden. Die Arbeit des Trainers soll erleichtert werden, aber nicht dazu führen, dass er nicht mehr über die Trainingsplanung nachdenkt bzw. sich nicht vorbereitet.
Ab der Altersklasse der D-Jugend ist das Torwarttraining aufgrund des guten motorischen Lernalters sinnvoll. Der Trainer sollte Tests durchführen, um die Stärken und Schwächen jedes Einzelnen herauszufinden. Zusätzlich sollten die Torhüter eine schriftliche Selbsteinschätzung über ihre sportlichen Stärken, Schwächen, Trainingswünsche und Ziele erstellen. Daraus können präzise Trainingsinhalte abgeleitet werden.

Trainingseinheit

Die Grundstruktur der Trainingseinheit gliedert sich in: Aufwärmen – Hauptteil – Ausklang. Sie bildet inhaltlich, zeitlich und organisatorisch ein in sich geschlossenes Ganzes. Jede einzelne Trainingseinheit hängt mit den vorangegangenen und den folgenden Einheiten zusammen. In der Trainingseinheit werden die technischen, taktischen und konditionellen Fähigkeiten sowie Einstellung und Verhaltensweisen der Sportler sportartspezifisch herausgebildet.
Auf den Aufbau und die Gestaltung einer Trainingseinheit nehmen verschiedene Faktoren Einfluss:

- das Ziel
- die Methode
- die Entwicklung und der Leistungsstand des Sportlers
- die sozialen Beziehungen
- die Lage der Trainingseinheit im Tages- und Wochenverlauf
- die materiellen Bedingungen

Zur Trainingseinheit gehören auch ihre Vor- und Nachbereitung. Die Vorbereitung sollte schriftlich durchgeführt werden, damit eine zielgerichtete, pädagogisch-methodisch sinnvolle Arbeit möglich wird. In der Trainingsnachbereitung müssen Fragen über die gesetzten Ziele, die Aufgabenstellungen, den Aufbau, die Methode usw. gestellt und beantwortet werden. Mit einer exakten Trainingsauswertung ist die Steuerung des Trainingsprozesses und der Trainingsplanung möglich.

Aufbau der Trainingseinheit

Die 40 Trainingseinheiten (TE), die ab Seite 78 vorgestellt werden, repräsentieren ein komplettes Trainingsjahr, wenn von einer Trainingseinheit pro Woche ausgegangen wird. Da-

Auch Toni Schumacher (S. 124) benötigt Pausen.

bei ist es möglich, die Einheit zusätzlich zum Mannschaftstraining oder an seiner Stelle durchzuführen.
Die Trainingseinheiten sind nach einem festgelegten Konzept aufgebaut. Zuerst werden die allgemeinen konditionellen, technischen, taktischen und torwartspezifischen Ziele festgelegt. Dabei werden nur die wichtigsten Ziele der Einheit angegeben. Danach sind Geräte, Gesamtdauer und Belastungsmethode eingetragen. In der nächsten Kopfzeile stehen Dauer, Inhalt und Organisation der Einheit.

Durchführung der Trainingseinheit

Man braucht den Trainingseinheiten nicht stur zu folgen, sondern kann sie individuell abändern. Das Alter der Gruppe, das Wetter, die Leistungsstärke, die Anzahl der Torwarte – all dies ist dabei zu beachten. Die Einheiten können beim Training von einem bis vier Torwarten angewandt werden.
Die Trainingseinheiten sind für 60 bis 75 Minuten effektive Trainingsdauer

angelegt. Berücksichtigt werden muss zusätzlich die Zeit für den vorhergehenden Geräteaufbau. Geräteumbauten können von den Torwarten zur Erholung oder zur individuellen Ballarbeit genutzt werden. Die Gesamtdauer ist nur ein Richtwert, der unter- oder überschritten werden kann. Die Torhüter können beim Geräteholen und -aufbauen helfen. Damit wird die Selbstständigkeit gefördert und die Spieler merken, dass der Trainer sich ebenfalls Mühe für die Trainingsarbeit macht.
Zur Durchführung der Einheiten gehört auch die Flexibilität des Trainers. Die Übungen lassen sich durch verschiedene Maßnahmen erschweren oder erleichtern. Dies kann die Veränderung der Feldergröße oder des Tempos sein, die Wiederholungszahl kann variieren, die Abstände können verkleinert oder vergrößert werden usw.

Aufwärmen

Das Aufwärmen bewirkt:
- eine Verbesserung der allgemeinen organischen Leistungsbereitschaft
- eine Verbesserung der koordinativen Leistungsbereitschaft
- eine Verbesserung der psychischen Leistungsbereitschaft
- eine präventive Funktion der Verletzungsvorsorge

Den Torhütern sollten zu Saisonbeginn einige Aufwärmübungen gezeigt werden, die sie mit der Zeit

Vorbildlicher Einsatz beim Training: Oliver Kahn (S. 121) und Bernd Dreher mit Trainer Sepp Maier (S. 122).

Toni Schumacher (S. 124) als Zaungast.

selbstständig durchführen. Darüber hinaus sollten sie ihre bisherigen Übungen einbringen. Es sollte ihnen auch genügend Zeit zur Verfügung stehen, um individuelle Problemzonen besonders aufzuwärmen bzw. zu dehnen. Das Dehnen ist auch in die Erholungsphasen einzubauen.
Bei den Trainingseinheiten findet sich in der Aufwärmphase oft auch die Ballschulung. Die erhöhten balltechnischen Anforderungen unserer Tage bedingen eine stärkere Förderung der individuellen Ballbehandlung.
Die Dauer des Aufwärmens sollte zwischen 10 und 20 Minuten liegen, wobei die Wetterbedingungen und die nachfolgenden Übungen den Ausschlag geben. Bei wärmeren Temperaturen ist die Muskulatur dehnfähiger als bei kälteren. Folgt dem Aufwärmen eine hundertprozentige Belastung, zum Beispiel Sprints, ist es gründlicher auszuführen als bei leichterer Belastung mit langsamer Steigerung.
Beim Aufwärmen ist auch auf Abwechslung zu achten. Kleine Spiele gestalten es abwechslungsreicher. In den Trainingseinheiten wird oft vom Laufen mit Variationen gesprochen. Damit sind Kniehebelläufe, Sidestepps, Anfersen, Hopserlauf, Hüftdrehläufe, Rückwärtslaufen, Drehungen usw. gemeint. Das Ballführen, Dribbeln, Jonglieren, Prellen und Passen steht ebenfalls für alle Variationen, die möglich sind. Der Begriff Dehnen beinhaltet alle Übungen, die in der Funktionsgymnastik angeboten werden.

Ausklang

Der Ausklang eines Trainings besteht meist aus Auslaufen und Dehnen. Im Sport nennt man dies Abwärmen oder Cool-Down. Das passive Abwärmen erfolgt durch Massage, Sauna oder im Entmüdungsbecken. Im Amateur- und Jugendbereich sind solche Möglichkeiten nur selten anzutreffen. Direkt im Anschluss an den Hauptteil des Trainings wird mit dem aktiven Cool-Down begonnen. Damit wird eine schnellere Wiederbelastbarkeit erreicht. Typisch im Fußballsport ist das Auslaufen und Dehnen nach der Belastungsphase. Psychische Stimulierung erfolgt durch kleine Spiele ohne Belastung und Schwerpunkte. Sie sorgen für Abwechslung und führen zur

positiven Einstellung auf die nächste Trainingseinheit.
Während des Auslaufens kann kurz auf die Trainingseinheit eingegangen werden, auch Wünsche der Torwarte können angesprochen werden. Diese kurze Reflexion fördert das Bewusstsein von Sportlern und Trainern und motiviert für die Bewältigung weiterer Aufgaben.

Praktische Tipps

- Jahresplanung anfertigen, mit der Periodisierung als Grundlage
- Einheiten schriftlich planen
- erste Einheit als lockeres Training zum Kennenlernen
- in den ersten Einheiten Stärken bzw. Schwächen und Rahmenbedingungen abklären
- in der dritten Einheit einen torwartspezifischen Test durchführen (Tests vor und nach der Winterpause und am Ende der Saison wiederholen)
- in längeren spielfreien Phasen wegen der verlängerten Regenerationszeit lockere oder intensivere Einheiten einfügen
- zuerst Trainingsziele festsetzen
- Trainingsdauer begrenzen
- Trainingsgeräte notieren und vorher bereitstellen
- Übungen aus Torwarttrainingsbüchern sinnvoll einsetzen
- Torwartmeinung anhören
- Torhüter mit einbinden
- Trainingseinheiten überarbeiten
- persönliches Verhältnis zu den Spielern schaffen
- Meinungen von Trainern, Betreuern, Zuschauern, Eltern anhören

Ein ungewohntes Bild: Sepp Maier (S. 122) auf der Ersatzbank.

Stefan Klos (S. 121) gibt Anweisungen im Trikot der Glasgow Rangers.

40 Trainingseinheiten

Zeichenerklärung

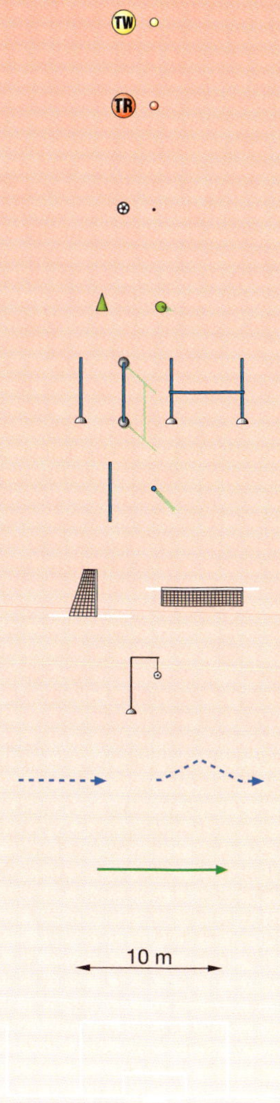

Torwart

Trainer

Ball

Hütchen

Hürde

Gymnastikstange

Tor

Ballpendel

Laufweg/Sprungweg

Ballweg/Schussweg

Distanz

Spielfeld

1. Trainingseinheit

Kondition:
Taktik:
Technik:
Torwartspezifischer Trainingsschwerpunkt:

Sonstige Trainingsschwerpunkte: Kennenlernen

Geräte: 4 Bälle

Dauer: 75 Min.
Methode: extensive Intervallmethode

Zeit	Inhalt	Organisation
Aufwärmen 15′	Vorstellung der Spieler und des Trainers Ball führen Laufen mit Variationen Dehnen	
Hauptteil 20′	Ein Torwart im Tor, zweiter führt Übungen aus: 10 Schüsse auf die Brust des Torwarts aus ca. 5 m 10 flache Schüsse auf den Torwart aus ca. 5 m 10 hohe Schüsse auf den Torwart aus ca. 10 m 10 Würfe auf den am Rücken liegenden Torwart Je 5 Schüsse re. und li. aus der Hocke erhechten Dehnen 10 Flanken re. und li. 10 platzierte Torschüsse aus 16 m 5 Bälle 1:1 auf das Tor	
20′	Torwartwechsel und gleiche Übungen	
Ausklang 5′	Auslaufen Dehnen Gespräch mit dem Torwart	
15′	Ausgabe der Personalbogen und Literatur	

2. Trainingseinheit

Kondition:
Taktik:
Technik:
Torwartspezifischer Trainingsschwerpunkt:

Sonstige Trainingsschwerpunkte:
Leistungstest allgemein
und torwartspezifisch
Geräte: 6 Bälle, 10 Slalomstangen, 2 Hürden, 3 Hütchen, bewegliches Tor, Papier, Stift
Dauer: 70 Min.
Methode: Übungsmethode

Zeit	Inhalt	Organisation
Aufwärmen 15′	Laufen mit Variationen Laufen mit Ball Dehnen Steigerungsläufe	
Hauptteil 40′	Allgemein, je 2 Durchgänge: Liegestütze in 30 Sek. Sprünge über die Hürde in 30 Sek. Sprünge über die Hürde auf Höhe 30-m-Sprints auf Zeit Torwartspezifisch, je 3 Durchgänge mit 3 Bällen: Weitenmessung der Abstöße/Abschläge/Abwürfe Genauigkeitsmessung Abstöße/Abschläge/Abwürfe Je 10 Pässe durch ein 2 m breites Hütchentor Genauigkeitsmessung kurze (10 m Distanz) und lange Pässe (30 m Distanz) Zeitenmessung: Slalomdribbling, 10 Stangen je 2 m Abstand Tempodribbling, 20 m hin und 20 m zurück	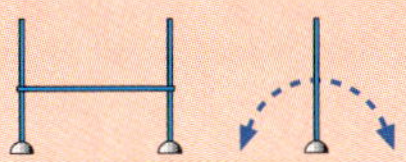 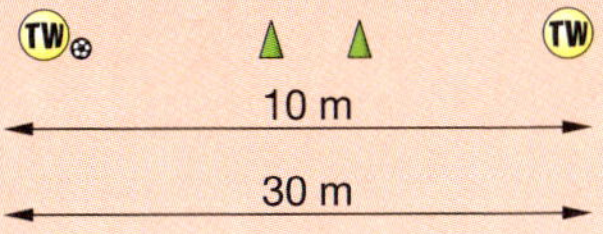 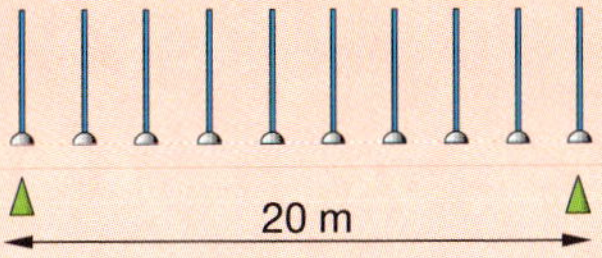
Ausklang 15′	10 lockere Schüsse auf das Tor Torwartspiel bis 10 Tore: 2 Tore im Abstand von 20 m; Schüsse aus der Hand oder vom Boden Auslaufen	

3. Trainingseinheit

Kondition:
Taktik:
Technik:
Torwartspezifischer Trainingsschwerpunkt:
Technikkontrolle
Sonstige Trainingsschwerpunkte:

Geräte: 6 Bälle, Videokamera

Dauer: 70 Min.
Methode: Übungsmethode

Zeit	Inhalt	Organisation
Aufwärmen 25´	Laufen mit Variationen Dehnen Gegenseitiges Warmschießen der Torwarte Dehnen	
Hauptteil 40´	Technikkontrolle mit Videokamera, je 6–8 Bälle pro Übung, Torwartwechsel nach jeder Übung: Aufnehmen flacher, halbhoher, hoher Bälle Springen nach flachen, halbhohen, hohen Bällen Flanken fangen und fausten Ablenken von Bällen über die Latte Herauslaufen und Winkelverkürzen bei 1:1 Passen und Stoppen	
Ausklang 5´	Auslaufen Dehnen	

Kondition: Ausdauer, Koordination
Taktik:
Technik: Ball führen
Torwartspezifischer Trainingsschwerpunkt:

Sonstige Trainingsschwerpunkte:

Geräte: je 1 Ball für den Torwart, 8 Hütchen, 6 Hürden, 12 Slalomstangen
Dauer: 75 Min.
Methode: extensive Intervallmethode

4. Trainingseinheit

Zeit	Inhalt	Organisation
Aufwärmen 10´	Ball führen, dribbeln, prellen, jonglieren Dehnen	
Hauptteil 60´ 7 x 7´ Belastung plus 7 x 1,5´ Pause	Je 2 Vierecke an den Eckfahnen einer Torseite Laufen in einem Viereck, auf optisches/akustisches Signal Wechsel in das gegenüberliegende Feld 7 Variationen: 1: ohne Ball laufen 2: mit Ball laufen 3: ohne Ball und Überspringen von 3 Hürden 4: mit Ball und Überspringen von 3 Hürden 5: ohne Ball und Slalomlauf durch 6 Stangen 6: mit Ball und Slalomdribbeln durch 6 Stangen 7: mit Ball prellen und Slalomprellen durch 6 Stangen	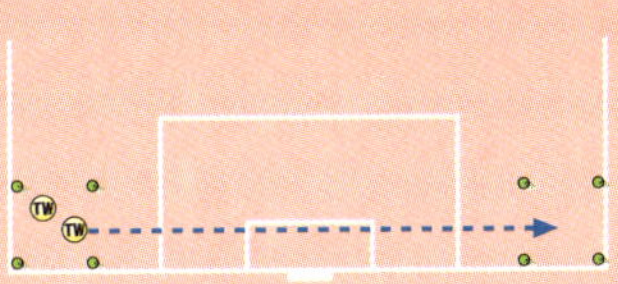 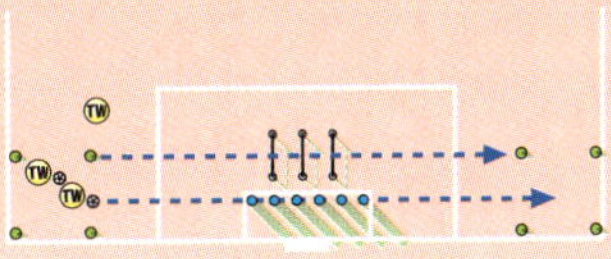
Ausklang 5´	Auslaufen Dehnen	

5. Trainingseinheit

Kondition: Sprungkraft, Koordination
Taktik:
Technik: Dropkick
Torwartspezifischer Trainingsschwerpunkt:
Fangen flacher/halbhoher/
hoher Bälle
Sonstige Trainingsschwerpunkte:

Geräte: 6 Bälle, 6 Hürden, 6 Slalomstangen

Dauer: 60 Min.
Methode: extensive Intervallmethode

Zeit	Inhalt	Organisation
Aufwärmen 15′	Ball führen, dribbeln, jonglieren, prellen, passen Dehnen	
Hauptteil 40′	Stationentraining 5 Durchgänge mit 1 Min., Pause nach jeder Station: Station 1: 3 x 6 Hürden überspringen Station 2: 3 x 6 Slalomstangen umlaufen Station 3: 5 Bälle von der Mitte aus anlaufen Station 4: 20 Sprünge re. und li. über einen Ball	  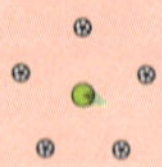 
15′	Technikschulung, Fangen der Dropkickschüsse: je 10–15 Dropkickschüsse flach/halbhoch/ hoch auf den Körper des Torwarts vom anderen Tor Aufgabenwechsel nach 10–15 Bällen	
Ausklang 5′	Auslaufen Dehnen	

Kondition: Kraft, Koordination
Taktik:
Technik: Ball passen
Torwartspezifischer Trainingsschwerpunkt:
Fangen flacher/halbhoher/
hoher Bälle
Sonstige Trainingsschwerpunkte:
Reaktion
Geräte: je 1 Sprungseil für einen Torwart,
6 Bälle, 6 Hütchen
Dauer: 70 Min.
Methode: extensive Intervallmethode

6. Trainingseinheit

Zeit	Inhalt	Organisation
Aufwärmen 15´	Ball führen, dribbeln, jonglieren, passen, prellen Dehnen	
Hauptteil 30´	Stationentraining 3 Durchgänge mit 1 Min., Pause nach jeder Station: Station 1: Seilspringen, 50 Sprünge nach freier Wahl Station 2: Bauchmuskulatur 30 Sek. anspannen, Torwart auf dem Rücken liegend Kopf vom Boden heben und Beine anwinkeln Station 3: Rückenmuskulatur 30 Sek. anspannen, Torwart auf dem Rücken liegend Beine anwinkeln und Becken vom Boden heben Station 4: 15 Liegestütze Station 5: Reaktionsschulung, 10 Bälle	
20´	abfangen Torwart steht ca. 2 m vor dem Trainer, Trainer hält brusthoch in jeder Hand einen Ball und lässt ohne Angabe einen davon fallen Torwartwechsel nach jeder Übung a: Fangen flacher/halbhoher/hoher Bälle b: flache Bälle re. und li. aufnehmen c: Torwart im Tor, 6–8 Bälle je Torwart: Slalom durch 4 Stangen, auf Kommando re. oder li. Hütchen umlaufen und auf den geschossenen Ball reagieren	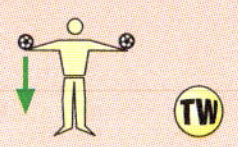 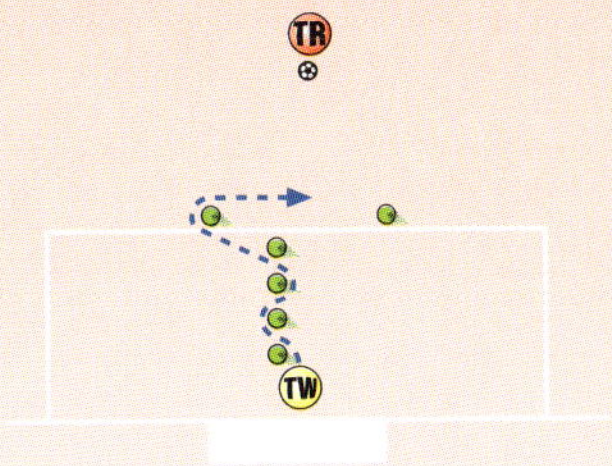
Ausklang 5´	Liniendribbeln Dehnen	

7. Trainingseinheit

Kondition: Sprungkraft
Taktik:
Technik:
Torwartspezifischer Trainingsschwerpunkt:
Hechten, Werfen, Tauchen
Sonstige Trainingsschwerpunkte:
Dehnen

Geräte: 8 Bälle, 6 Hürden

Dauer: 60 Min.
Methode: Wiederholungsmethode

Zeit	Inhalt	Organisation
Aufwärmen 15′	Laufen mit Variationen Dehnen Gegenseitiges Warmschießen der Torwarte	
Hauptteil 40′	Übungsreihe, je Übung ca. 10 Min.: Übung 1: seitliches Überspringen der Hürde, nach dem Aufsprung nach dem vom Trainer geworfenen Ball werfen	
	Übung 2: seitliches Überhechten der Hürde nach dem vom Trainer geworfenen Ball Übung 1+2 je 6–8 Bälle re. und li. Torwartwechsel nach je 6–8 Bällen pro Seite	
	Übung 3: Überspringen von 6 Hürden, nach jeder Hürde abwechselnd re. und li. einen vom Trainer geworfenen Ball werfen	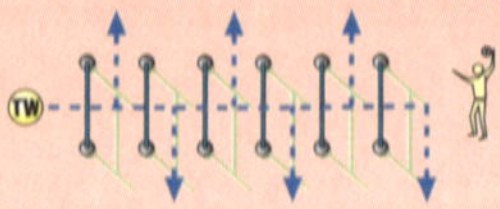
	Übung 4: Überspringen von 2 Hürden und auf den vom Trainer geworfenen Ball reagieren, 6–8 Bälle re./li. Ein Torwart Belastung, ein Torwart aktive Pause mit lockerem Laufen, Ball jonglieren, Bauch- und Rückenmuskulaturübungen, Dehnen usw.	
Ausklang 5′	Auslaufen Dehnen	

Kondition: Sprungkraft, Schnelligkeit
Taktik: Stellungsspiel
Technik:
Torwartspezifischer Trainingsschwerpunkt:
Hechten, Flanken
Sonstige Trainingsschwerpunkte:
Koordination

Geräte: 8 Bälle, 5 Hürden, 6 Gymnastikstangen, 6 Hütchen
Dauer: 60 Min.
Methode: intensive Intervallmethode

8. Trainingseinheit

Zeit	Inhalt	Organisation
Aufwärmen 10´	Ball führen, prellen Dehnen Steigerungsläufe	
Hauptteil 20´	Übungsreihe 3 Serien mit je 3 Durchgängen, 1 Min. Pause: Übung 1: Überspringen von 6 Hürden beidbeinig Übung 2: Überspringen von 6 Hürden einbeinig re. Übung 3: Überspringen von 6 Hürden einbeinig li. Übung 4: Überlaufen von 6 Gymnastikstangen,	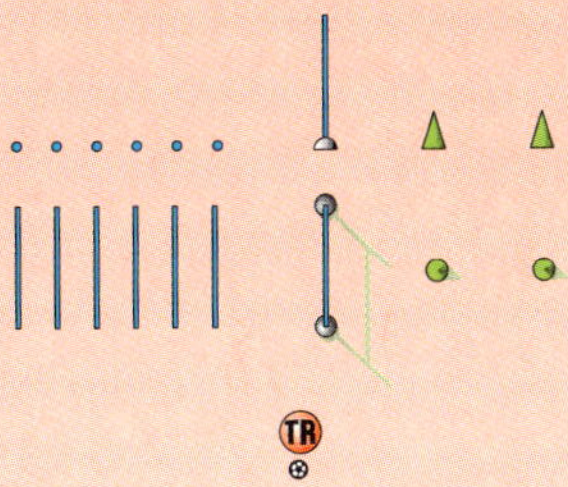
7´	Überspringen von 1 Hürde, Durchlaufen von 2 Hütchen, seitlich 2 Hütchen von re. oder li. durchlaufen Lockern, dehnen	
8´	Übung 5: Torwart in Tormitte, vom Pfosten ausgehend stehen 6 Hütchen im Abstand von 1 m ins Spielfeld hinein, Torwart läuft im Sprint zum ersten Hütchen, wendet und muss anschließend nach einem Ball hechten, dann Sprint zum zweiten Hütchen usw.	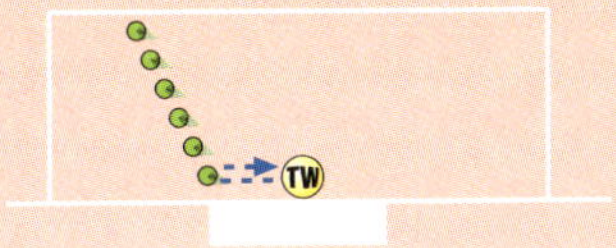
10´	Nach 6 Bällen Seitenwechsel Übung 6: Torwart sprintet zu einem 5 m vor dem Tor stehenden Hütchen und erwartet dort Torschuss 3 Durchgänge mit 5 Bällen Übung 7: Flankenbälle 6–7 m vor das Tor, Torwart läuft zum Hütchen und fängt dort die Bälle ab, Hütchen als Markierungshilfe Nach 8 Flanken Seitenwechsel	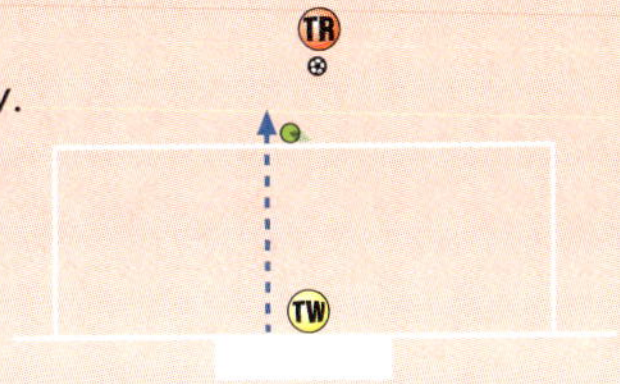 
Ausklang 5´	Auslaufen Dehnen	

9. Trainingseinheit

Kondition: Sprungkraft, Beweglichkeit
Taktik: Standardsituationen
Technik:
Torwartspezifischer Trainingsschwerpunkt: Fausten, Flanken
Sonstige Trainingsschwerpunkte:

Geräte: 6 Bälle, 5 Hürden, 1 bewegliches Tor
Dauer: 70 Min.
Methode: extensive Intervallmethode

Zeit	Inhalt	Organisation
Aufwärmen 15′	Ball führen, prellen Laufen mit Variationen Dehnen	
Hauptteil 40′	Übungsreihe: Übung 1: Überspringen der 5 Hürden einbeinig re. und li./beidbeinig, 3 Serien mit je 3 Durchgängen Dehnen	
	Übung 2: zwei Torwarte fausten über das Tor einen Ball hin und her, je 1 Durchgang mit 10 Überquerungen einhändig re. und li./beidhändig Dehnen	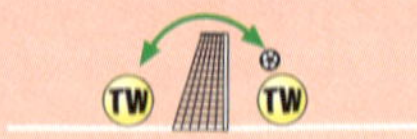
	Übung 3: zwei Torwarte versuchen im Sprungduell einen Ball zu fangen, 2 Durchgänge mit je 10 Bällen Dehnen	
	Übung 4: ein Tor steht im rechten Winkel an dem zweiten Tor, von re. und li. ca. 15 Flanken auf das querstehende Tor, ein Torwart flankt, der andere fängt Flanken ab, Tore zählen	
10′	Theorie Flanken, Standardsituationen und Stellungsspiel mit Papier und Stift	
Ausklang 5′	Auslaufen Dehnen	

Kondition: Sprungkraft
Taktik: Stellungsspiel
Technik: Ball führen
Torwartspezifischer Trainingsschwerpunkt: Flanken
Sonstige Trainingsschwerpunkte:

Geräte: 8 Bälle, 3 Hürden

Dauer: 65 Min.
Methode: extensive Intervallmethode

10. Trainingseinheit

Zeit	Inhalt	Organisation
Aufwärmen 15′	Ball führen, dribbeln, prellen, jonglieren, passen Lockeres Warmschießen Dehnen	
Hauptteil 40′	Übungsreihe: Übung 1: Überspringen der 3 Hürden einbeinig re. und li./beidbeinig; 3 Serien mit je 5 Durchgängen	
	Übung 2: Anlauf mit Absprung re. und li., 2 Durchgänge mit je 10 Bällen Torwartwechsel	
	Übung 3: Zwei Torhüter versuchen im Sprungduell einen Ball zu fangen, 2 Durchgänge mit je 10 Bällen	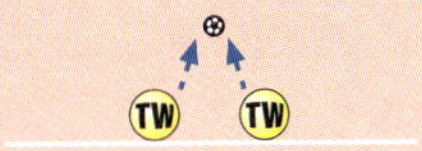
	Übung 4: Flanken abfangen, ein Torwart im Tor, der zweite flankt; Trainer als Gegenspieler, re. und li. je 10 Bälle, Torwartwechsel Übung 5: Torwart am kurzen Pfosten, Trainer bringt flache Bälle 3–5 m vor das Tor, Torwart versucht Bälle vor dem Gegenspieler/Torwart abzufangen, je 10 Bälle re. und li., Torwartwechsel auf jeder Seite	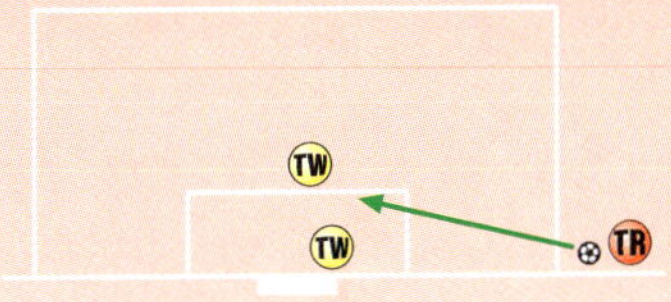
Ausklang 10′	Fangspiel Auslaufen Dehnen	

11. Trainingseinheit

Kondition: Koordination
Taktik: Stellungsspiel

Technik: Spannstoß, Flugbälle
Torwartspezifischer Trainingsschwerpunkt:
flache und hohe Bälle, Abwurf
Sonstige Trainingsschwerpunkte:
Rhythmisierung

Geräte: 10 Bälle, 1 Hürde, 1 bewegliches Tor

Zeit	Inhalt	Organisation

Aufwärmen
20´

Fangspiel, Fußballtennis
Rhythmisches Laufen, 3-er-Rhythmus: re.- li.-re., li.-re.-li., re.-li.-Sprung, li.-re.-Sprung
Dehnen

Hauptteil
50´

Übungsreihe:

Übung 1: ein Torwart steht vor dem zweiten, Trainer wirft hohe Bälle zu, hinterer Torwart fängt diese ab, 2 Durchgänge mit 15 Bällen je Torwart

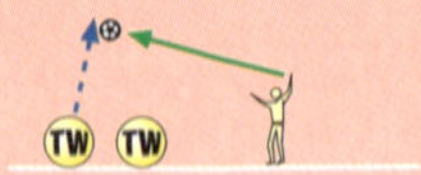

Übung 2: Torwart springt beidbeinig über die Hürde, schließt Rolle vorwärts an und reagiert auf den vom Trainer geworfenen Ball, 2 Durchgänge mit10 Bällen je Torwart

Übung 3: Torwart im Tor reagiert aus verschiedenen Lagen auf den vom Trainer geworfenen Ball, 2 Durchgänge mit 10 Bällen je Torwart

Übung 4: ein Tor steht im rechten Winkel an dem zweiten Tor, von re. und li. ca. 15 Flanken auf das querstehende Tor, ein Torwart flankt, der zweite fängt Flanken ab, Tore zählen

Übung 5: ein Torwart im Tor, zweiter Torwart schlägt aus 30–60 m von verschiedenen Positionen Bälle zum Trainer, Torwart entscheidet über Rauslaufen, Ballabwurf zum Feldtorwart, je Torwart ca. 15 Bälle

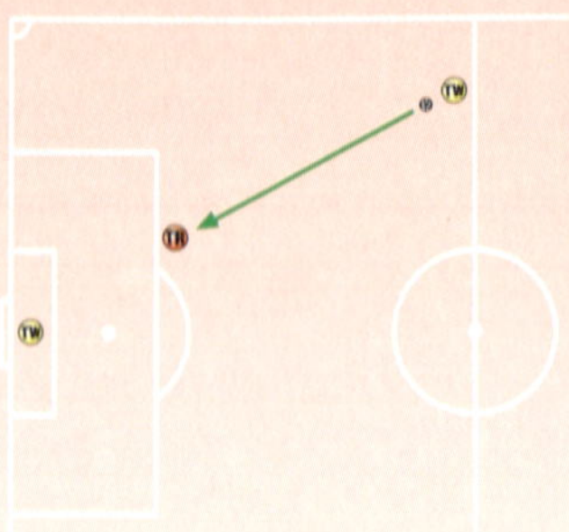

Theorie Mannschaftstaktik und Stellungsspiel

Ausklang
5´

Auslaufen
Dehnen

Kondition: Koordination
Taktik: Stellungsspiel
Technik: Schusstechnik
Torwartspezifischer Trainingsschwerpunkt:
Strafraumbeherrschung, Abwurf
Sonstige Trainingsschwerpunkte:
Flanken

Geräte: 8 Bälle, 5 Gymnastikstangen,
3 Hürden, 3 Hütchen, Papier, Stift
Dauer: 70 Min.
Methode: extensive Intervallmethode

12. Trainingseinheit

Zeit	Inhalt	Organisation
Aufwärmen 10′	Laufen mit Variationen Dehnen	
Hauptteil 15′	Laufschule, 3 Serien mit je 3 Durchgängen: Übung 1: Durchlaufen von 5 Gymnastikstangen, Überspringen von 1 Hürde, Sprint zum Hütchen Übung 2: Durchlaufen von 3 Gymnastikstangen, Überspringen von 3 Hürden, Sprint zum Hütchen Übung 3: Durchlaufen von 3 Hürden, seitliches Durchlaufen der 2 Hütchen, Überspringen von 1 Hürde, Sprint zum Hütchen Übung 4: Durchlaufen der 2 + 2	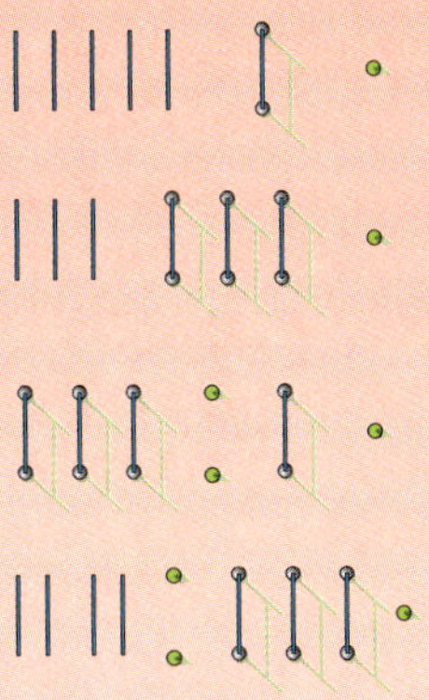
30′	Gymnastikstangen im Abstand, seitliches Durchlaufen der 2 Hütchen, Überspringen von 3 Hürden, Sprint zum Hütchen Übung a und b von re. und li. je 15 Bälle: Übung a: Torwart wirft Flanken, zweiter Torwart fängt diese, Trainer als Gegenspieler Übung b: Torwart schießt Flanken, zweiter Torwart fängt diese, Trainer als Gegenspieler Übung c: Torwart im Tor, zweiter Torwart schlägt aus 30–60 m von verschiedenen Positionen Bälle in den Strafraum, Torwart entscheidet über Rauslaufen, Ballabwurf zum Feldtorwart Übung d: siehe Übung c, nur mit Gegenspieler Übung c und d je 15–20 Bälle.	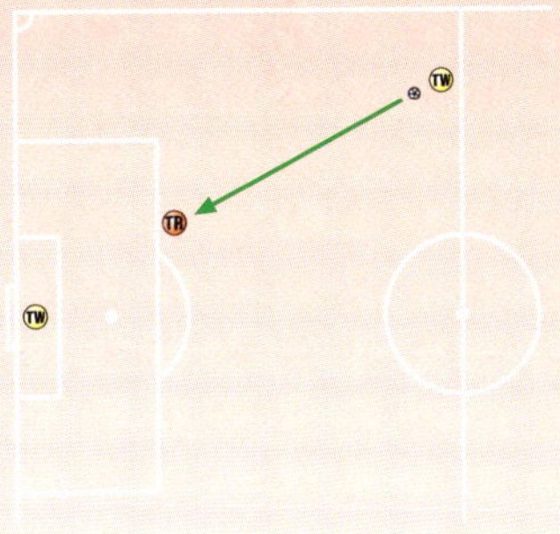
Ausklang 5′	Schattenlaufen Dehnen	

13. Trainingseinheit

Kondition: Schnelligkeit, Koordination
Taktik: Stellungsspiel
Technik:
Torwartspezifischer Trainingsschwerpunkt:
Strafraumbeherrschung
Sonstige Trainingsschwerpunkte:
Schusstechnik

Geräte: 10 Bälle, 4 Gymnastikstangen, 2 Hürden, 3 Hütchen
Dauer: 60 Min.
Methode: Wiederholungsmethode

Zeit	Inhalt	Organisation
Aufwärmen 10′	Ball führen, prellen, jonglieren Dehnen	
Hauptteil 10′	Laufschule, 2 Serien mit je 3 Durchgängen: Übung 1: Durchlaufen von 4 Gymnastikstangen, Überspringen der 2 Hürden, Lauf zum Hütchen Übung 2: Durchlaufen von 4 Gymnastikstangen, seitliches Durchlaufen der 2 Hütchen, Überspringen der 2 Hürden, Lauf zum Hütchen Übung 3: Durchlaufen von 4 Gymnastikstangen, Überspringen von 1 Hürde,	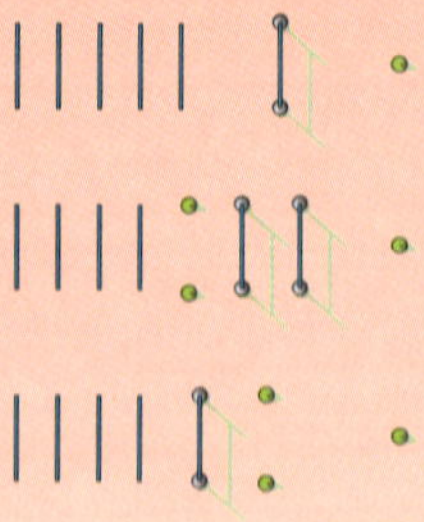
10′	seitliches Durchlaufen von 2 Hütchen, Lauf zum Hütchen Lockern und Dehnen Sprinttraining mit vollständigen Pausen Übung a: 6 Sprints über 10–15 m aus verschiedenen Lagen auf optische und akustische Signale	
25′	Übung b: siehe Übung a plus Ballaufnahme mit den Händen nach ca. 8 m Übung c: Rückwärtslauf, auf Signal Drehung und Sprint ca. 10–15 m, 6 Wiederholungen Übung A: Torwart im Tor, zweiter Torwart schlägt aus 30–60 m von verschiedenen Positionen Bälle in den Strafraum, Torwart fängt Bälle ab Übung B: siehe Übung c, nur mit Gegenspieler Übung C: je 10 Flanken von re. und li.	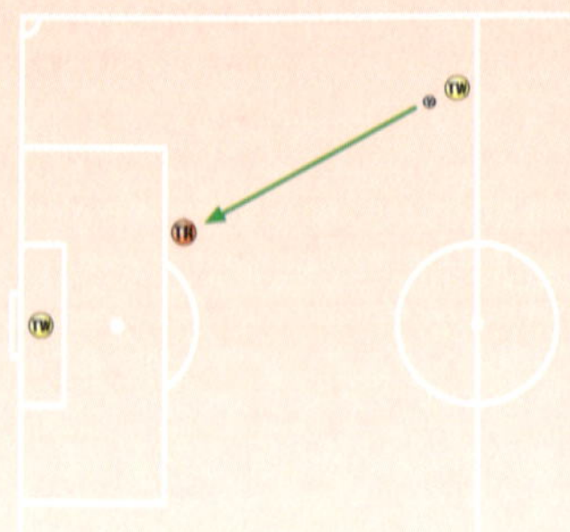
Ausklang 5′	Auslaufen Dehnen	

Kondition: Schnelligkeit, Koordination
Taktik:
Technik:
Torwartspezifischer Trainingsschwerpunkt:
flache Bälle
Sonstige Trainingsschwerpunkte:
Stellungsspiel

Geräte: 10 Bälle, 6 Gymnastikstangen, 10 Hütchen
Dauer: 75 Min.
Methode: intensive Intervallmethode

14. Trainingseinheit

Zeit	Inhalt	Organisation
Aufwärmen 15′	Fußballtennis Laufen mit Variationen Dehnen	
Hauptteil 10′	Laufschule, 1 Serie mit je 3 Durchgängen: Übung 1: Durchlaufen von 6 Gymnastikstangen, Lauf zum Hütchen Übung 2: Durchlaufen von 4 Gymnastikstangen und 4 Hütchen, Lauf zum Hütchen Übung 3: Durchlaufen von 6 Hütchen, Lauf zum Hütchen	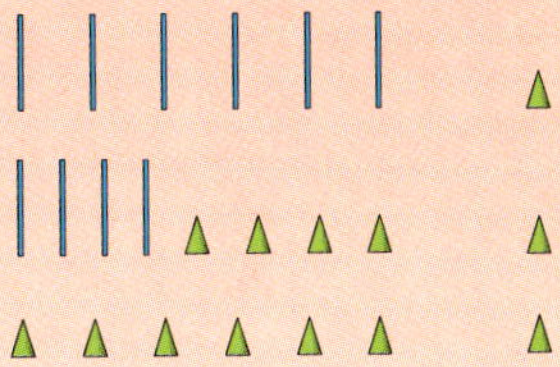
15′	Lockern und Dehnen Übung a: 6 Sprints durch Hütchenparcours Übung b: Sprint von der Mitte zu den 3 m entfernt außen stehenden Hütchen und zurück, 3 Durchgänge	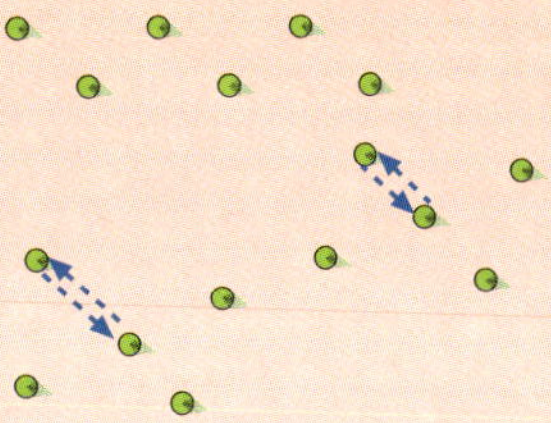
25′	Übung c: Sprint von der Mitte zu dem 6 m entfernt stehenden Hütchen, locker zurück, 3 Durchgänge Übung A: je 10 flache Bälle aus der Hocke re. und li. erhechten, abwechselnd re. und li. Übung B: je 10 flache Bälle re. und li. erhechten Übung C: 10 flache Bälle ohne Vorgabe auf das Tor Übung D: Torwart am kurzen Pfosten, Trainer bringt flache Bälle 3–5 m vor das Tor, Torwart versucht Bälle vor dem Gegenspieler/Torwart abzufangen, je 10 Bälle re. und li.; Torwartwechsel auf jeder Seite	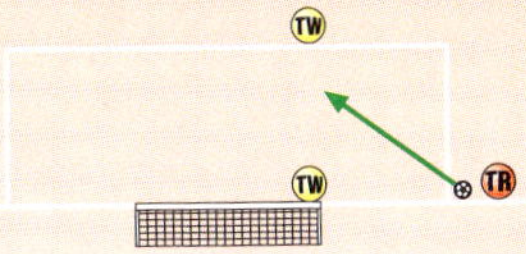
Ausklang 10′	Liniendribbeln mit Variationen Dehnen	

15. Trainingseinheit

Kondition: Schnelligkeitsausdauer
Taktik:
Technik: Ball führen
Torwartspezifischer Trainingsschwerpunkt: Aufsetzer
Sonstige Trainingsschwerpunkte: Schusstechnik

Geräte: 8 Bälle, 8 Hütchen, 1 Hürde

Dauer: 60 Min.
Methode: extensive Intervallmethode

Zeit	Inhalt	Organisation
Aufwärmen 10′	Fußballtennis Dehnen	
Hauptteil 20′	Torwart mit Ball in Bewegung im Hütchenfeld, auf Signal Felderwechsel, beim Wechsel Tempo erhöhen: a: Ball mit Fuß führen b: mit Hand prellen c: ohne Ball wechseln d: Ball mit Hand rollen e: Hütchenfeld verändern	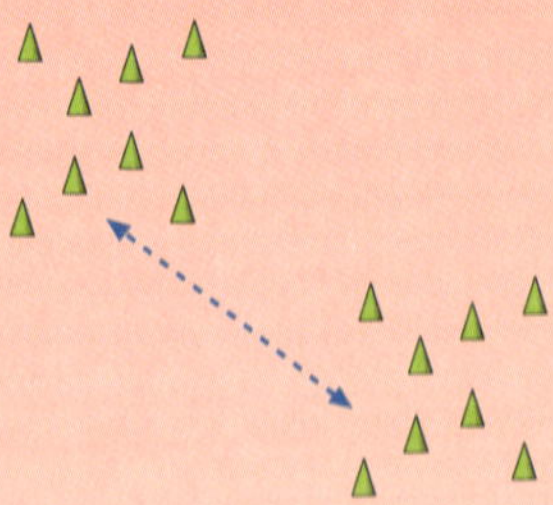
5′	f: … Flugbälle ins Nachbarfeld spielen	
20′	Übung 1: Warmschießen mit flachen/halbhohen/hohen Bällen und Aufsetzer auf den Torwart Übung 2: Aufsetzer aus 15–20 m auf den Torwart Übung 3: Aufsetzer aus 15–20 m platziert auf das Tor Übung 4: Torwart überspringt Hürde und reagiert auf den Aufsetzer Je Durchgang 15–20 Bälle	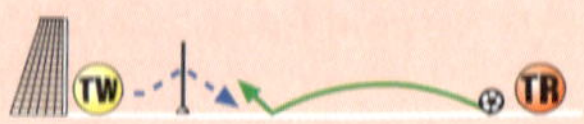
Ausklang 5′	Auslaufen Dehnen	

Kondition: Kraftausdauer
Taktik: Stellungsspiel
Technik:
Torwartspezifischer Trainingsschwerpunkt:
Aufsetzer, flache Bälle
Sonstige Trainingsschwerpunkte:
Dehnen

Geräte: 10 Bälle, 1 Hürde, 1 Medizinball

Dauer: 75 Min.
Methode: intensive Intervallmethode

16. Trainingseinheit

Zeit	Inhalt	Organisation
Aufwärmen 15′	10 Min. Laufen Dehnen	
Hauptteil 30′	Zirkeltraining Kraftausdauer: Station 1: Liegestütze Station 2: Sprung seitlich über die Hürde Station 3: Bauchmuskulatur Station 4: Rückenmuskulatur Station 5: Sprung vor-/rückwärts über die Hürde Station 6: Skippings auf den Medizinball 1. Durchgang: 30 Sek. Belastung – 30 Sek. Pause 2. Durchgang: 45 Sek. Belastung – 45 Sek. Pause Nach jedem Durchgang 5 Min. lockern und dehnen	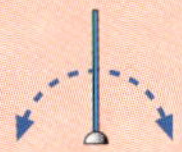
25′	Übung 1: Warmschießen mit flachen/halbhohen/ hohen Bällen und Aufsetzer auf den Torwart Übung 2: Aufsetzer aus 15–20 m auf den Torwart Übung 3: Aufsetzer aus 15–20 m auf das Tor Übung 4: Torwart überspringt Hürde und reagiert abwechselnd re. und li. auf Aufsetzer Übung 5: Torwart überspringt Hürde und reagiert auf Aufsetzer Je Durchgang 15–20 Bälle Nach jeder Übung Torwartwechsel In den Pausen selbständiges Üben: Ball jonglieren, fangen, fausten, usw. und gymnastische Übungen mit und ohne Ball	
Ausklang 5′	Auslaufen Dehnen	

17. Trainingseinheit

Kondition: Kraft
Taktik: Stellungsspiel
Technik:
Torwartspezifischer Trainingsschwerpunkt:
Hechten, halbhohe/hohe Bälle, 1:1
Sonstige Trainingsschwerpunkte:
Koordination

Geräte: 8 Bälle, 6 Hütchen, 1 Hürde, 1 Sprungseil je Torwart
Dauer: 70 Min.
Methode: intensive Intervallmethode

Zeit	Inhalt	Organisation
Aufwärmen 10´	Ball führen, prellen, rollen, passen Dehnen	
Hauptteil 20´	Zirkeltraining Kraftausdauer: Station 1: Liegestütz Station 2: Sprung seitlich über die Hürde Station 3: Bauchmuskulatur Station 4: Rückenmuskulatur Station 5: Skippings auf den Medizinball 1. Durchgang: 30 Sek. Belastung – 30 Sek. Pause 2. Durchgang: 45 Sek. Belastung – 45 Sek. Pause	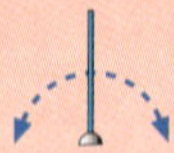
30´	Nach jedem Durchgang 3 Min. lockern und dehnen Nach jeder Seite Torwartwechsel Übung 1: Hechten über die Hürde, je 8 Bälle re. und li. Übung 2: von der Tormitte aus an den Pfosten laufen, Drehung und in die andere Richtung hechten, je 8 Bälle re. und li. Übung 3: Sprung über die Hürde und nach dem Ball hechten ohne Richtungsangabe, je Torwart 10 Bälle Übung 4: 1:1 aus verschiedenen Positionen, Trainer läuft mit Ball auf den Torwart, dieser verkürzt Winkel, 10–15 Bälle je Torwart	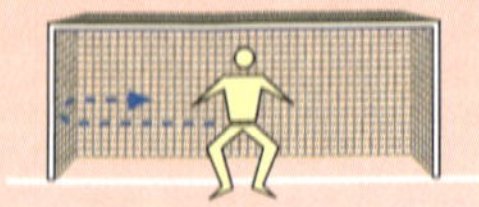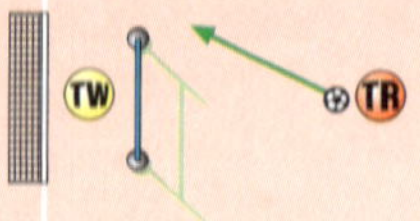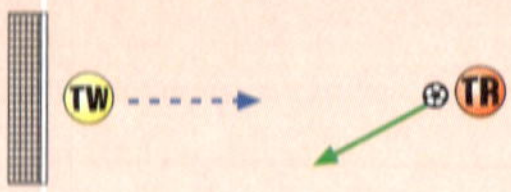
Ausklang 10´	Hütchenlaufen Dehnen	

Kondition: Koordination, Schnelligkeit
Taktik: Stellungsspiel
Technik:
Torwartspezifischer Trainingsschwerpunkt:
Hechten, flache Bälle
Sonstige Trainingsschwerpunkte:

Geräte: 8 Bälle, 3 Hürden, 4 Gymnastikstangen, 7 Hütchen
Dauer: 75 Min.
Methode: extensive Intervallmethode

18. Trainingseinheit

Zeit	Inhalt	Organisation

Aufwärmen
15´
5 Min. Laufen
5 Min. Dehnen
5 Min. Ball führen, passen

Hauptteil
15´
3 Serien mit 3 Durchgängen, 1 Min. Pause zwischen jeder Station, 3 Min. Pause zwischen den Durchgängen:
Station 1: 3 Hürden überspringen, 7 Hütchen durchlaufen

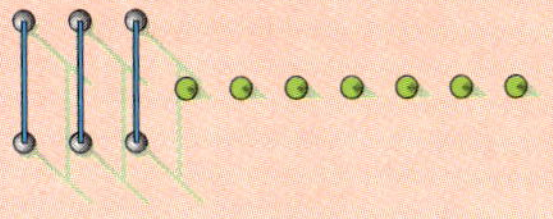

Station 2: 4 Gymnastikstangen durchlaufen, 4 Hütchen überspringen

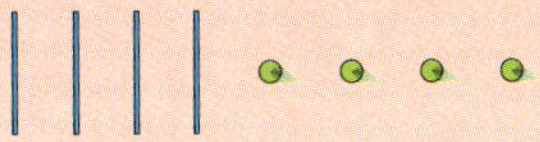

10´
Zwischenübung: lockern und laufen
Reaktion auf optisches/akustische Signal re./li. Hand auf Boden, Drehung re./li., vor-/rückwärts laufen, auf re./li. Bein hüpfen

30´
Übung 1: von der Tormitte aus Hütchen auf der re./li. Seite umlaufen, nach Ball hechten, 8 Bälle je Seite

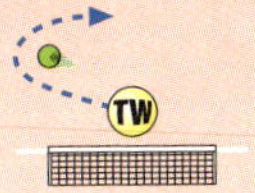

Übung 2: Torwart am kurzen Pfosten, Trainer bringt flache Bälle 3–5 m vor das Tor, Torwart versucht Bälle vor dem Gegenspieler/Torwart zu erhechten, je 10 Bälle re. und li., Torwartwechsel auf jeder Seite

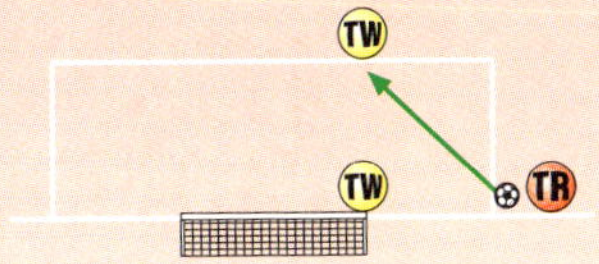

Übung 3: Reagieren auf 2 Bälle, Torwart im Tor
a: 1. Ball locker/unplatziert, 2. Ball fest/platziert
b: 1. Ball fest/platziert, 2. Ball locker/unplatziert

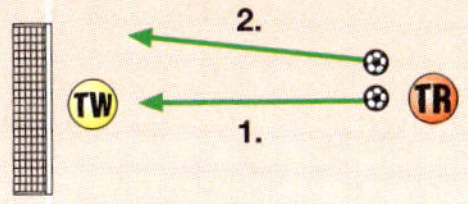

Ausklang
5´
Auslaufen
Dehnen

19. Trainingseinheit

Kondition:
Taktik:
Technik: Spannstoß, Ballschulung
Torwartspezifischer Trainingsschwerpunkt: Abschlag, Abstoß, Abwurf
Sonstige Trainingsschwerpunkte: Spielfreude, Wettkampfcharakter

Geräte: 6 Bälle, 12 Hütchen, 2 Tore

Dauer: 75 Min.
Methode: extensive Intervallmethode

Zeit	Inhalt	Organisation
Aufwärmen 15´	Ball führen, dribbeln, passen, jonglieren dehnen Steigerungsläufe	
Hauptteil 10`	Technikschulung Bälle fangen und schießen: Flache, halbhohe und hohe Bälle auf den Torwart Gegenseitiges Warmschießen	
45´	Wettkampfspiele 1:1 auf 2 Tore mit 20 m Abstand, bis 10 Tore a: Schüsse vom Boden b: Schüsse aus der Hand c: Abwürfe d: 1:1 ausspielen e: freie Wahl	
Ausklang 5´	Auslaufen Dehnen	

Kondition:
Taktik: Angriffsverhalten
Technik: Schusstechnik
Torwartspezifischer Trainingsschwerpunkt: Abschlag, Abstoß, Abwurf
Sonstige Trainingsschwerpunkte: Spielfreude, Wettkampfcharakter

Geräte: 6 Bälle, 12 Hütchen, 2 Tore

Dauer: 75 Min.
Methode: extensive Intervallmethode

20. Trainingseinheit

Zeit	Inhalt
Aufwärmen 10´	10 Min. Laufen 5 Min. Dehnen
Hauptteil 55´ 5 mal 8´ plus 5 mal 3´	Zwischen den Spielen lockern und dehnen: Feldergröße entsprechend 1:1 oder 2:2 varieren Spiel 1: Fußballtennis Spiel 2: Faustball Spiel 3: Zielball in entfernte Felder, die Torwarte müssen versuchen, in 4 Felder zu spielen, die zwischen 20 und 40 m entfernt sind, 1, 2, 3, 4 Punkte für einen Treffer Spiel 4: Zone verteidigen, Torwarte verteidigen je ein etwa 10 x 10 m großes Feld, die Felder sind 10–15 m entfernt, Punkte für Bodenkontakt des Balls Spiel 5: Fußball, 2:2 auf 2 große Tore
Ausklang 5´	Auslaufen Dehnen

Organisation

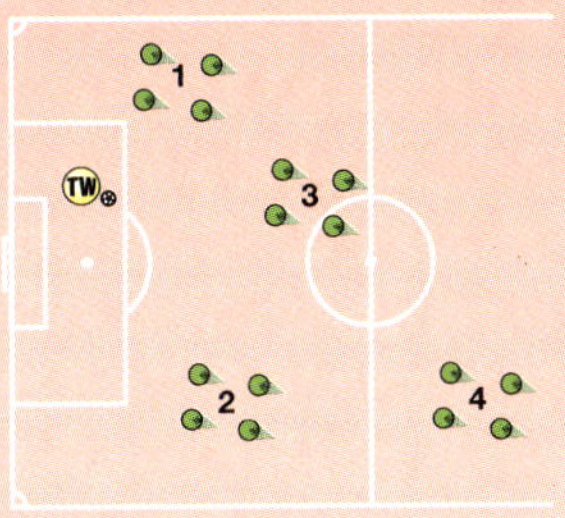

21. Trainingseinheit

Kondition: Ausdauer, Beweglichkeit
Taktik:
Technik: Ball führen
Torwartspezifischer Trainingsschwerpunkt:

Sonstige Trainingsschwerpunkte:

Geräte: 1 Ball je Torhüter, 5 Hütchen, 5 Hürden
Dauer: 80 Min.
Methode: Dauermethode

Zeit	Inhalt	Organisation
Aufwärmen 20′	15 Min. Laufen Lockern und Dehnen	
Hauptteil 30′	Je 2 Vierecke an den Eckfahnen einer Torseite, Laufen in einem Viereck, auf optischen/akustischen Reiz Wechsel in das Feld gegenüber Variationen: 1: ohne Ball laufen 2: mit Ball laufen 3: Überspringen von Hürden 4: Durchlaufen von Hütchen 5: Durchdribbeln von Hütchen 6: den Ball prellen 7: ...	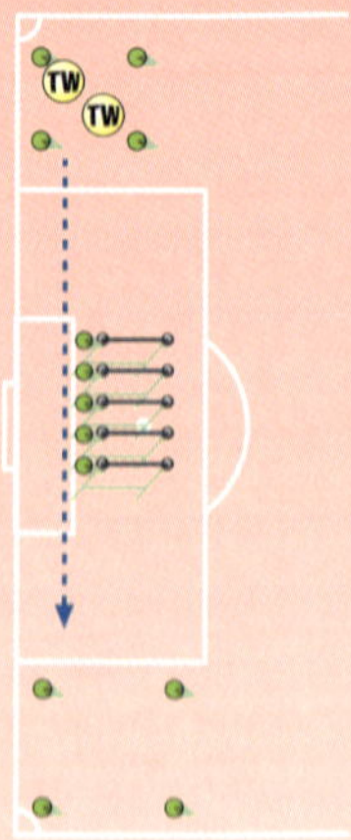
10′	Lockern und Dehnen	
Ausklang 20′	15 Min. Lauf Lockern und Dehnen	

Kondition: Kraft
Taktik:
Technik:
Torwartspezifischer Trainingsschwerpunkt:

Sonstige Trainingsschwerpunkte:
Fangen/Aufnehmen von Bällen

Geräte: 6 Bälle, 6 Hürden, Sprungseile

Dauer: 65 Min.
Methode: extensive Intervallmethode

22. Trainingseinheit

Zeit	Inhalt	Organisation
Aufwärmen 10′	Ball führen, dribbeln, prellen, jonglieren, passen Dehnen Laufen mit Variationen	
Hauptteil 25′	Skippings mit brusthohem Medizinballzuwurf Sprungkrafttraining, je 3 Durchgänge beidbeinig, einbeinig re. und li., beidbeinig mit Medizinball in den Händen: a: Überspringen von 6 niedrigen Hürden b: Überspringen von 6 mittelhohen Hürden c: Überspringen von 6 hohen Hürden d: Überspringen von 6 Hürden an der Leistungsgrenze	
15′	Ein Torwart im Tor, der andere pausiert, Hürde vor dem Tor, Torwart springt beidbeinig über die Hürde und reagiert auf den Ball, 3 Durchgänge mit 8–10 Bällen a: flach b: halbhoch c: hoch	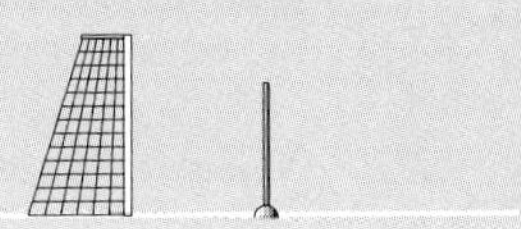
10′	Zusatzübungen: a: Liegestütze 3 x 15 b: Seilsprünge 3 x 15 c: Ball jonglieren	
Ausklang 5′	Auslaufen Dehnen	

23. Trainingseinheit

Kondition: Kraft, Koordination
Taktik:
Technik: Ball passen
Torwartspezifischer Trainingsschwerpunkt: Fangen flacher/halbhoher/hoher Bälle
Sonstige Trainingsschwerpunkte: Reaktion
Geräte: je 1 Sprungseil für einen Torwart, 6 Bälle, 6 Hütchen
Dauer: 70 Min.
Methode: extensive Intervallmethode

Zeit	Inhalt	Organisation
Aufwärmen 15´	Ball führen, dribbeln, jonglieren, passen, prellen Dehnen	
Hauptteil 30´	Stationentraining, 3 Durchgänge mit 1 Min. Pause nach jeder Station: Station 1: Seilspringen, 50 Sprünge nach freier Wahl Station 2: Bauchmuskulatur 30 Sek. anspannen, Torwart auf dem Rücken liegend Kopf vom Boden abheben und Beine anwinkeln Station 3: Rückenmuskulatur 30 Sek. anspannen, Torwart auf dem Rücken liegend Beine anwinkeln und Becken vom Boden heben Station 4: 15 Liegestütze Station 5: Reaktionsschulung, 10 Bälle abfangen, Torwart steht ca. 2 m vor dem Trainer, dieser hält brusthoch in jeder Hand einen Ball und lässt ohne Angabe einen davon fallen	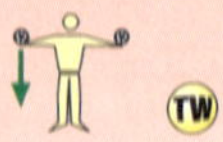
20´	Torwartwechsel nach jeder Übung a: Fangen flacher/halbhoher/hoher Bälle b: flache Bälle re. und li. aufnehmen c: Torwart im Tor, 6–8 Bälle je Torwart, Slalom durch 4 Stangen auf Kommando re. oder li., Hütchen umlaufen und auf den geschossenen Ball reagieren	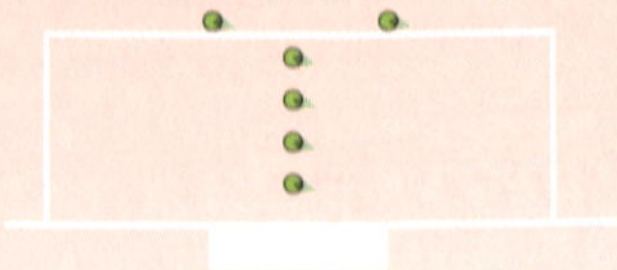
Ausklang 5´	Liniendribbeln Dehnen	

Kondition: Sprungkraft, Koordination
Taktik: Stellungsspiel
Technik:
Torwartspezifischer Trainingsschwerpunkt:
Hechten, Fangen hoher und flacher Bälle
Sonstige Trainingsschwerpunkte:
Reaktion
Geräte: 8 Bälle, 4 Hütchen, 3 Hürden

Dauer: 70 Min.
Methode: intensive Intervallmethode

24. Trainingseinheit

Zeit	Inhalt	Organisation
Aufwärmen 15′	Laufen in Variationen Dehnen Gegenseitiges Warmschießen	
Hauptteil 45′	Übungsreihe: Übung 1: Torwart im Tor reagiert auf hohen Ball von der Seite, Überspringen von 3 Hürden, Torschuss Übung 2: Torwart reagiert auf hohen Ball von der Seite, Umlaufen der 3 Hürden, Torschuss Übung 3: Torwart reagiert auf flachen Ball von der Seite, Durchlaufen von 4 Hütchen, nach halbhohem Ball hechten, aufstehen und auf Torschuss reagieren Übung 4: Torwart reagiert auf flachen Ball von der Seite, Rolle vorwärts, nach halbhohem Ball hechten, aufstehen und auf Torschuss reagieren Übung 5: Torwart reagiert auf flachen Ball von der Seite, Rolle rückwärts, nach halbhohem Ball hechten, aufstehen und auf Torschuss reagieren Je Übung 6–8 Bälle für jeden Torwart	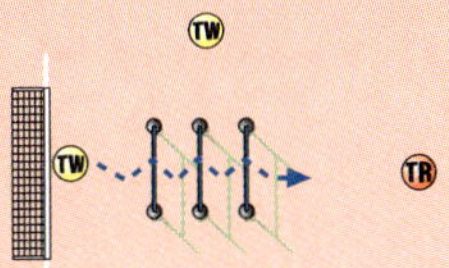 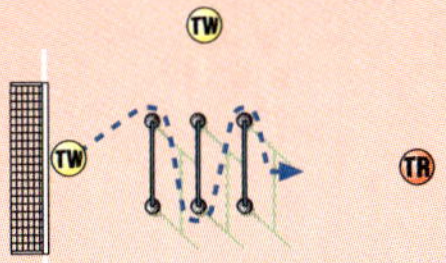 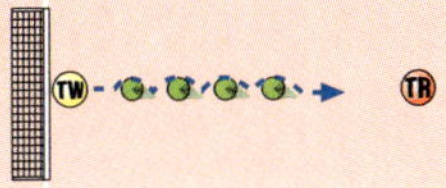
Ausklang 10′	Auslaufen Dehnen	

25. Trainingseinheit

Kondition: Koordination, Schnelligkeit
Taktik:
Technik: Ball passen
Torwartspezifischer Trainingsschwerpunkt:

Sonstige Trainingsschwerpunkte:
Reaktion

Geräte: 6 Bälle, 6 Hütchen, 6 Hürden, 6 Gymnastikstangen
Dauer: 60 Min.
Methode: extensive Intervallmethode

Zeit	Inhalt	Organisation
Aufwärmen 10´	Laufen mit Ball Dehnen	
Hauptteil 15´	Laufschule: 2 Serien mit je 3 Durchgängen a: 6 Gymnastikstangen durchlaufen b: 6 Gymnastikstangen mit Zwischenschritt durchlaufen c: 6 Gymnastikstangen seitlich durchlaufen d: 6 Hürden überlaufen, niedrig e: 6 Hürden überlaufen, abwechselnd niedrig/hoch	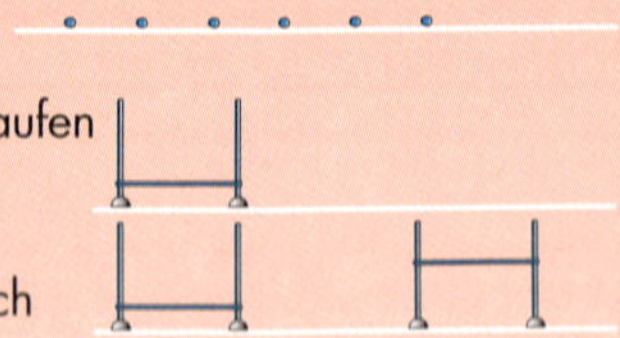
10´	Lockern und Dehnen Station 1: Skippings und Medizinball brusthoch zuwerfen, 2 Durchgänge mit je 30 Sek. Station 2: Bocksprünge und zwischen den Beinen des Partners durchkrabbeln, 2 Durchgänge mit je 30 Sek. Station 3: 3 Hürden seitlich laufen, geradeaus laufen, 3 Hürden seitlich laufen, 2 Serien mit 3 Durchgängen Station 4: 5 Sprints, 5–7 m	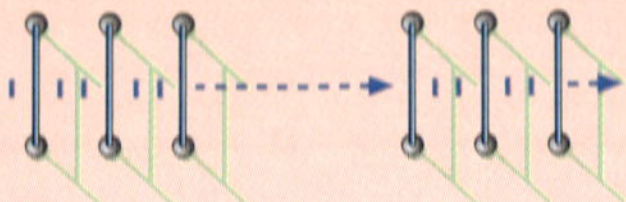
20´	Übung 1: gegenseitige Torschüsse auf 2 Hütchentore, 3 m breit, 2 Durchgänge mit je 10 Bällen Übung 2: ein Torwart steht mit dem Rücken zum Spielfeld im Tor, Fangen des Balls nach Zuruf, nach 10 Bällen Torwartwechsel Übung 3: Sprint an die 4 Hütchen von der Mitte aus, auf Zuruf laufen, Blickrichtung zum Trainer, hintere Hütchen rückwärts erlaufen, 1 Serie mit 12 Läufen	 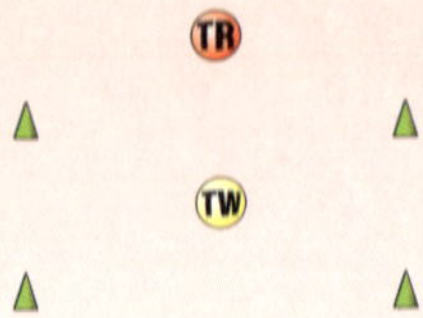
Ausklang 5´	Schattenlaufen Dehnen	

Kondition: Koordination
Taktik: Angriffsverhalten
Technik: Ball führen
Torwartspezifischer Trainingsschwerpunkt: Abwurf
Sonstige Trainingsschwerpunkte: Reaktion

Geräte: 10 Bälle, 10 Hütchen

Dauer: 75 Min.
Methode: extensive Intervallmethode

26. Trainingseinheit

Zeit	Inhalt	Organisation
Aufwärmen 10′	Laufen mit Variationen Dehnen Steigerungsläufe	
Hauptteil 10′	Übung 1: Die Torwarte bewegen sich im Hütchenfeld, Trainer gibt ihnen Aufgabenstellungen vor: Ball führen, passen, dribbeln, prellen, zuwerfen, Führen mit der Hand, Liegestütze usw.	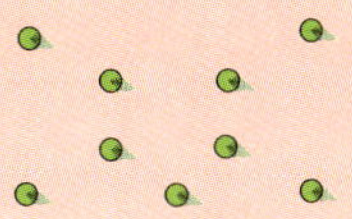
15′	Übung 2: ein Torwart im Tor, Sprint zum 5 m vor dem Tor stehenden Hütchen, Reaktion auf flachen, halbhohen, hohen Ball, 3 Durchgänge mit je 6–8 Bällen, Torwartwechsel nach 1 Durchgang	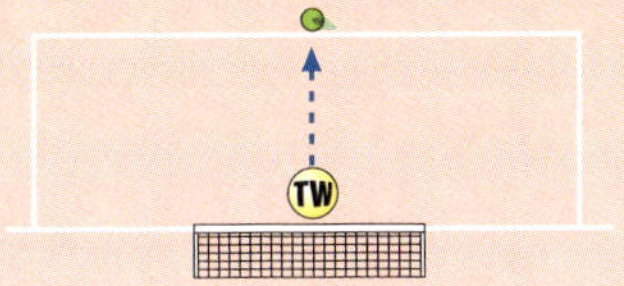
15′	Übung 3: Torwart fängt Flanken ab und wirft den Ball zum im Feld positionierten Trainer, 10 Bälle je Seite	
10′	Übung 4: Torschuss aus 10–20 m mit verdeckter Sicht, Trainer oder Torwart verdeckt Sicht oder schießt, 2 Durchgänge mit je 10 Bällen, dazwischen Torwartwechsel	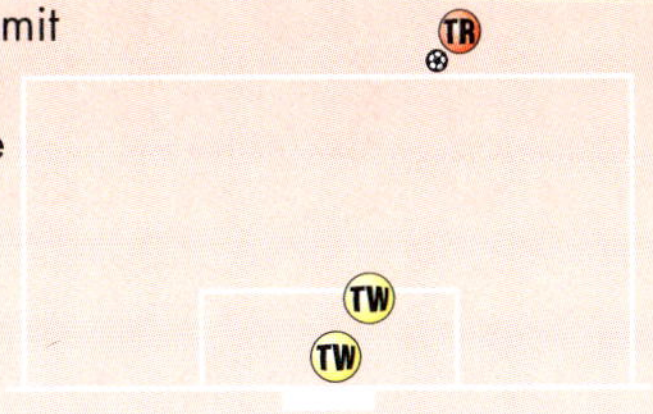
10′	Übung 5: Torschusswettkampf, 3 Durchgänge mit je 10 Bällen aus 16 m Entfernung, Treffer zählen	
Ausklang 5′	Linienlaufen Dehnen	

27. Trainingseinheit

Kondition: Kraft
Taktik:
Technik: Schusstechnik
Torwartspezifischer Trainingsschwerpunkt:
Fausten, Fangen
Sonstige Trainingsschwerpunkte:
Wettkampf fördern

Geräte: Ballpendel, 6 Bälle

Dauer: 80 Min.
Methode: extensive Intervallmethode

Zeit	Inhalt	Organisation
Aufwärmen 15′	Schattenlaufen ohne/mit Ball Fangspiel Dehnen	
Hauptteil 3 mal 5′ plus 3 mal 3′ Pause	Technikschulung am Ballpendel Ein Torwart Ballpendel, zweiter Torwart Krafttraining 1.a: Fangen 2.a: Liegestütze 1.b: Fausten beidhändig 2.b: Hanteltraining 1.c: Fausten einhändig re./li. 2.c: Medizinballübungen	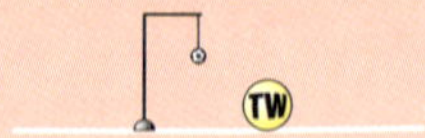
10′	Pausen: Ball führen, passen, Linienlauf mit Ball o. Ä.	
15′	Technikschulung: Fangen flacher, halbhoher, hoher Bälle, gleichzeitig Schusstechnik schulen	
10′	Technikschulung: Fausten a: Ball mit zwei Fäusten jonglieren b: Ball mit einer Faust jonglieren c: Ball über das Tor zum Partner fausten d: Zielfausten zum Partner, der Position verändert Wettspiel: Weitfausten und Zielfausten	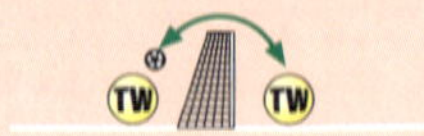
Ausklang 5′	Auslaufen Dehnen	

28. Trainingseinheit

Kondition: Koordination
Taktik: Angriffsspiel
Technik: Schusstechnik
Torwartspezifischer Trainingsschwerpunkt:
Abschlag
Sonstige Trainingsschwerpunkte:
Wettkampf fördern

Geräte: 10 Bälle, 2 Hütchen, 1 bewegliches Tor

Dauer: 75 Min.
Methode: extensive Intervallmethode

Zeit	Inhalt	Organisation
Aufwärmen 10´	Laufen mit Ball Dehnen Passen kurz, mittel, lang	
Hauptteil 2 mal 5´	Technikschulung am Ballpendel Ein Torwart am Ballpendel, zweiter Torwart Seil springen	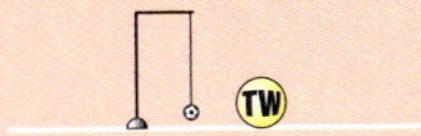
5´	Schusstechnik: Innenseite, Spannstoß je re. und li. Seilspringen mit Variationen	
5´ 15´	Passen durch Hütchentore, ca. 10 m Abstand, mit Inneseite und Spann je re. und li. Lockeres Warmschießen der Torwarte gegenseitig	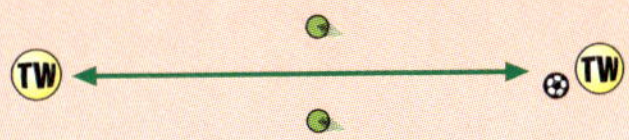
15´	Übung 1: Zielschießen: ein Torwart im Tor, ein Torwart schießt zielgenau auf die Angabe vom Trainer hinter dem Tor,	
10´	2 Durchgänge mit 10 Bällen, Torwartwechsel Übung 2: ein Torwart im Tor, zweiter im beweglichen Tor, gegenseitige zielgenaue Abschläge aus der Hand, Tordistanz und -position verändern Übung 3: Torchusswettkampf, 3 Durchgänge mit je 10 Bällen aus 16 m Entfernung, Treffer zählen.	
Ausklang 5´	Auslaufen Dehnen	

29. Trainingseinheit

Kondition: Schnelligkeit
Taktik:
Technik: Passen
Torwartspezifischer Trainingsschwerpunkt:

Sonstige Trainingsschwerpunkte:
Dehnen

Geräte: 3 Bälle, 5 Hütchen

Dauer: 65 Min.
Methode: Wiederholungsmethode

Zeit	Inhalt	Organisation
Aufwärmen 15´	Laufen mit Ball Dehnen Steigerungsläufe	
Hauptteil 15´	Zwischen jeder Serie vollständige Pause Sprints: 3 Serien mit 5 Sprints von 3, 5, 8, 12, 17 m Lockern und Dehnen	
10´	Sprints aus verschiedenen Lagen, 2 Serien mit 5 Sprints sitzend, liegend, aus der Hocke o. Ä.	
10´	Lockern und Dehnen Sprints durch 3 bzw 5 Hütchen, 2 Serien mit 3 Sprints, vorwärts, seitlich re. und li.	
10´	Lockern und Dehnen Passen im 16-er, 2 Hütchentore je 3 m breit, Zuspielen flacher, halbhoher und hoher Bälle	
Ausklang 5´	Auslaufen Dehnen	

30. Trainingseinheit

Kondition: Schnelligkeit, Kraft
Taktik:
Technik:
Torwartspezifischer Trainingsschwerpunkt:
Fangen hoher Bälle
Sonstige Trainingsschwerpunkte:
Koordination

Geräte: Seil, 8 Bälle, 6 Hürden, 2 Hütchen

Dauer: 70 Min.
Methode: extensive Intervallmethode

Zeit | **Inhalt** | **Organisation**

Aufwärmen 15´
Laufen mit Variationen
Dehnen
Sprungseilübungen

Hauptteil
10´ Übung 1: Linienlauf im 16-er, auf Kommando Hopserlauf, Sidesteps, Anfersen, Skippings usw., zusätzlich Sprünge über die 3 + 3 Hürden beidbeinig, einbeinig re. und li., seitlich re. und li.

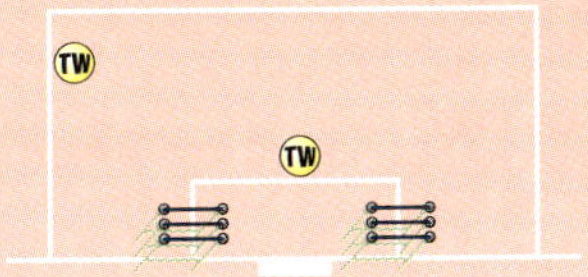

10´ Übung 2: Springen nach Bällen über der Latte, 2 Durchgänge mit 15–20 Bällen

10´ Technikschulung: Fangen hoher Bälle, Anlauf re.-/li.-Absprung oder li.-/re.-Absprung ohne/mit Hürde, je Übung 8 Bälle, Torwartwechsel

10´ Übung 3: Hüpfen, Laufen auf der Torlinie vorwärts/seitwärts, Abfangen hoher Bälle, 3 Durchgänge mit 8–10 Bällen

10´ Übung 4: Hütchentor 8 m breit mit 1 Hürde in der Mitte, Sprung über die Hürde, auf Torschuss reagieren, Sprung von der anderen Seite über die Hürde, auf Torschuss reagieren usw., 2 Durchgänge mit 8–10 Bällen

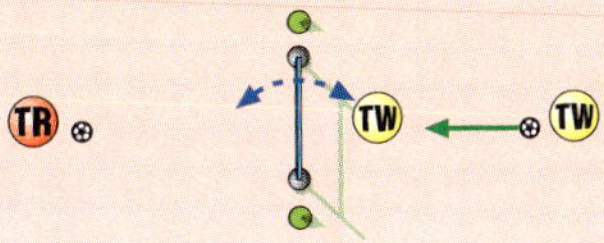

Übungen 2, 3, 4 Torwartwechsel, aktive Pause mit Ball jonglieren, Seil springen o. Ä.

Ausklang 5´
Auslaufen
Dehnen

31. Trainingseinheit

Kondition: Koordination
Taktik: Stellungsspiel
Technik: Flugbälle
Torwartspezifischer Trainingsschwerpunkt: flache und hohe Bälle, Abwurf
Sonstige Trainingsschwerpunkte: Rhythmisierung

Geräte: 10 Bälle, 1 Hürde, 1 bewegliches Tor
Dauer: 75 Min.
Methode: intensive Intervallmethode

Zeit	Inhalt	Organisation
Aufwärmen 20′	Fangspiel, Fußballtennis Rhythmisches Laufen, 3-er-Rhythmus: re.-li.-re, li.-re.-li., re.-li.-Sprung, li.-re.-Sprung Dehnen	
Hauptteil 50′	Übung 1: ein Torwart steht vor dem zweiten, Trainer wirft hohe Bälle zu, hinterer Torwart fängt sie ab, 2 Durchgänge mit 15 Bällen je Torwart	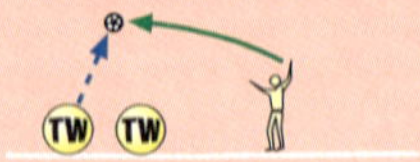
	Übung 2: Torwart springt beidbeinig über die Hürde, schließt Rolle vorwärts an und reagiert auf den vom Trainer geworfenen Ball, 2 Durchgänge mit je 10 Bällen je Torwart	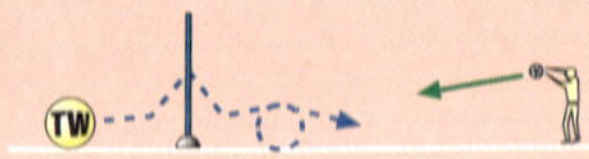
	Übung 3: Torwart im Tor reagiert aus verschiedenen Lagen auf den vom Trainer geworfenen Ball, 2 Durchgänge mit 10 Bällen je Torwart	
	Übung 4: ein Tor steht im rechten Winkel an dem zweiten Tor, von re. und li. ca. 15 Flanken auf das querstehende Tor, ein Torwart flankt, ein zweiter fängt Flanken ab, Tore zählen	
	Übung 5: ein Torwart im Tor, der zweite schlägt aus 30–60 m von verschiedenen Positionen Bälle zum Trainer, Torwart entscheidet über Rauslaufen, Ballabwurf zum Feldtorwart, je Torwart ca. 15 Bälle	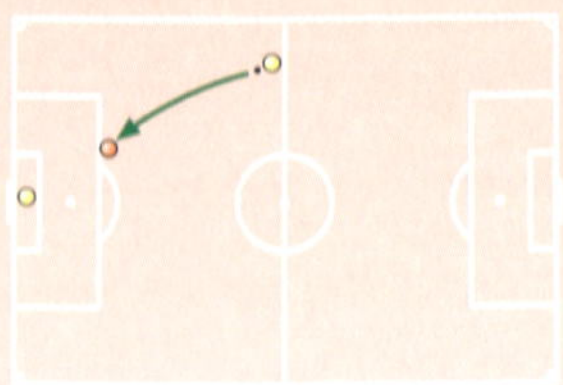
	Theorie Mannschaftstaktik und Stellungsspiel	
Ausklang 5′	Auslaufen Dehnen	

Kondition: Koordination, Sprungkraft
Taktik:
Technik:
Torwartspezifischer Trainingsschwerpunkt:
Hechten
Sonstige Trainingsschwerpunkte:
Reaktion

Geräte: Seil, 8 Bälle, 6 Hütchen, 6 Hürden

Dauer: 80 Min.
Methode: intensive Intervallmethode

32. Trainingseinheit

Zeit	Inhalt
Aufwärmen 10′	Ball führen, passen, prellen Dehnen Tempowechselläufe
Hauptteil 4 mal 5′ plus 3 mal 2′ Pause	Stationentraining: Station 1: Seil springen Station 2: Slalom Station 3. Liegestütze Station 4: Sprünge vorwärts-seitwärts Lockern und Dehnen
10′	Übung 1: Slalom durch 3 Hütchen re./li. Pfosten und Hechten re./li. nach dem Ball, jede Seite 6–8 Bälle
10′	Übung 2: Slalom durch 3 Hütchen, Sprint um das Hütchen und nach dem Ball hechten, 6–8 Bälle auf jeder Seite
10′	Übung 3: Slalom durch 3 Hütchen und auf den Ball reagieren, 2 Durchgänge mit 6–8 Bällen
10′	Übung 4: ein Torwart mit dem Rücken zum Spielfeld im Tor, Fangen des Balls nach Zuruf, nach 10 Bällen Torwartwechsel.
Ausklang 5′	Auslaufen Dehnen

Organisation

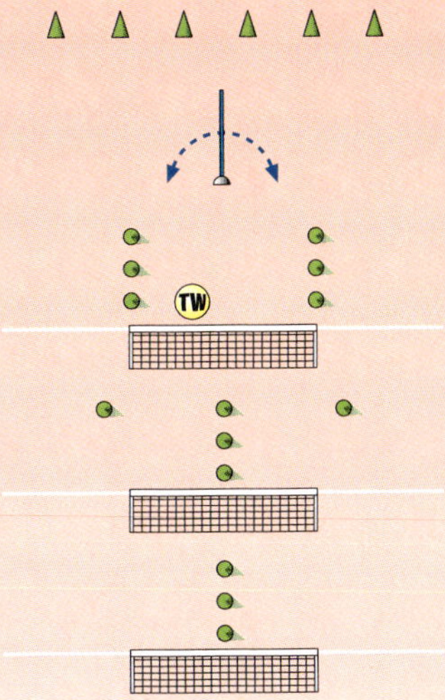

33. Trainingseinheit

Kondition: Koordination
Taktik: Passen
Technik:
Torwartspezifischer Trainingsschwerpunkt:
Flanken
Sonstige Trainingsschwerpunkte:
Wettkampf fördern

Geräte: 6 Bälle, 6 Hütchen, 6 Gymnastikstangen

Dauer: 65 Min.
Methode: intensive Intervallmethode

Zeit	Inhalt	Organisation
Aufwärmen 15´ Dehnen	Laufen mit Variationen Steigerungsläufe, Tempowechselläufe	
Hauptteil 15´	Je Station 2 Serien mit 3 Durchgängen, 1. Serie mit einem Fußkontakt, 2. Serie mit zwei Fußkontakten zwischen den Stangen: Station 1: Durchlaufen der 6 Gymnastikstangen Station 2: Durchlaufen der 6 Gymnastikstangen Station 3: Durchlaufen der	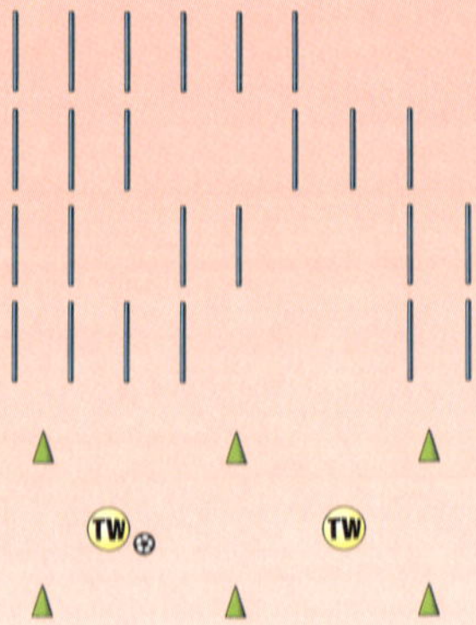
15´	6 Gymnastikstangen Station 4: Durchlaufen der 6 Gymnastikstangen 2 Hütchenfelder ca. 7 x 7 m groß Übung 1: einen Ball zuwerfen Übung 2: einen Ball zupassen	
15´	Übung 3: zwei Bälle zuwerfen Je Übung zwei Durchgänge mit 2 Min. Flanken abfangen, je Seite 15 Bälle	
Ausklang 5´	Auslaufen Dehnen	

Kondition: Sprungkraft
Taktik: Stellungsspiel
Technik: Schusstechnik
Torwartspezifischer Trainingsschwerpunkt:
Flanken, Abwurf
Sonstige Trainingsschwerpunkte:
Fangen hoher Bälle

Geräte: 12 Bälle

Dauer: 70 Min.
Methode: extensive Intervallmethode

34. Trainingseinheit

Zeit	Inhalt	Organisation
Aufwärmen 15´	Ball führen, prellen, dribbeln Dehnen Fangen hoch geworfener Bälle, einzeln und mit Partner	
Hauptteil 15´	Torwartwechsel nach jeder Übung Technikschulung: je Übung 10–15 Bälle a: Fangen hoher Bälle mit 3-Schritte-Absprung b: Fangen hoher Bälle mit Gegenspieler, Würfe aus der Hand oder als Aufsetzer c: hohe Würfe in den 5-m-Raum von verschieden Positionen, Torwart auf der Linie, Herauslaufen und Abfangen der hohen Bälle	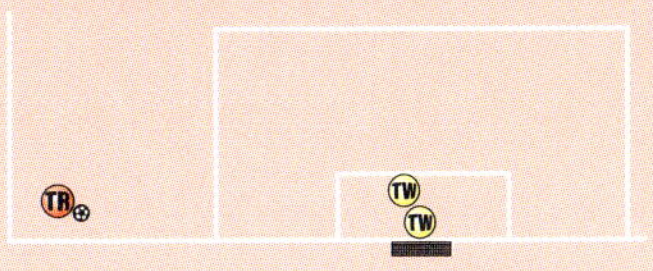
30´	Je 10 Bälle von re. und li. d: hohe Würfe von der Seite e: Flanken mit einem/zwei Gegenspielern f: Flanken mit allen Feldspielern als Gegenspieler	
Ausklang 10´	Ball führen und passen Dehnen	

35. Trainingseinheit

Kondition: Sprungkraft
Taktik: Angriffsspiel
Technik:
Torwartspezifischer Trainingsschwerpunkt: Flanken, Abwurf
Sonstige Trainingsschwerpunkte: Wettkampf fördern

Geräte: 12 Bälle

Dauer: 60 Min.
Methode: extensive Intervallmethode

Zeit	Inhalt	Organisation
Aufwärmen 15′	Fußballtennis Fangspiel Dehnen	
Hauptteil 10′	Torwartwechsel nach jeder Übung Technikschulung: je Übung 10–15 Bälle: a: Fangen hoher Bälle mit 3-Schritte-Absprung b: Fangen hoher Bälle mit Gegenspieler, Würfe aus der Hand oder als Aufsetzer c: hohe Würfe in den 5-m-Raum von verschieden Positionen, Torwart auf der Linie, Herauslaufen und Abfangen der	
15′	hohen Bälle, je 10 Bälle von re. und li. d: hohe Würfe von der Seite e: Flanken mit einem/zwei Gegenspielern f: Flankenspiel: Trainer flankt, Torwart soll	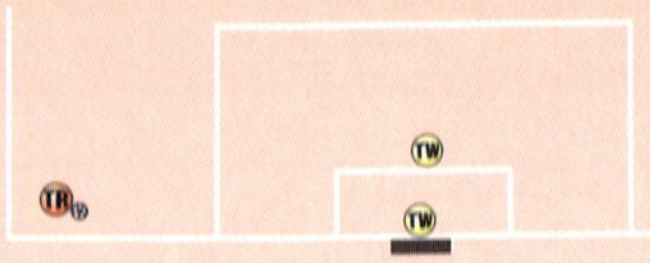
15′	einschätzen, wie viele der 10 Bälle er ins Tor schießt, re. und li.	
Ausklang 5′	Ball jonglieren, prellen Dehnen	

Kondition: Sprungkraft
Taktik:
Technik: Ball führen
Torwartspezifischer Trainingsschwerpunkt:
Hechten, Werfen, Tauchen
Sonstige Trainingsschwerpunkte:
Koordination

Geräte: 6 Bälle, 4 Hütchen, 1 Hürde

Dauer: 75 Min.
Methode: intensive Intervallmethode

36. Trainingseinheit

Zeit	Inhalt	Organisation
Aufwärmen 15´	Ball führen Fangspiel Dehnen	
Hauptteil	Technikschulung:	
20´	a: Hechten über einen Ball/Medizinball	
	b: Hechten über eine niedrige Stange	
	c: Hechten über eine hohe Stange	
10´	e: Sprung seitlich über die Hürde, zurück unter der Hürde durchtauchen und mit 2 Schritten nach dem geworfenen Ball hechten	
10´	f: unter der Hürde durchtauchen, zurück seitlich über die Hürde springen und mit 2 Schritten nach dem Ball hechten	
10´	Torwart im Tor, re. und li. je 8 Bälle, Übung: Torwart soll über den im Tor liegenden Ball nach einem geworfenen Ball hechten	
Ausklang 10´	Liniendribbeln Dehnen	

37. Trainingseinheit

Kondition: Koordination
Taktik:
Technik:
Torwartspezifischer Trainingsschwerpunkt:
Fangtechniken
Sonstige Trainingsschwerpunkte:
Reaktion, Kraft

Geräte: 6 Bälle

Dauer: 70 Min.
Methode: intensive Intervallmethode

Zeit	Inhalt	Organisation
Aufwärmen 10′	Laufen mit Variationen Dehnen Steigerungsläufe	
Hauptteil 25′	Reaktionsschulung, je Übung 15–20 Bälle: a: Torwart kniet vor dem Trainer, der re. und li. je einen Ball in den Händen hält und ohne Angabe einen davon fallen lässt, Torwart fängt den Ball, bevor er den Boden berührt b: Torwart sitzt auf dem Boden, Trainer steht hinter ihm und wirft ohne Angabe einen Ball vor den Torwart, der den Ball fängt c: Torwart steht mit dem Rücken zum Trainer im Tor und versucht, auf Zuruf den geschossenen Ball nach der Drehung zu fangen d: Torwart steht mit geöffneten Beinen vor	
15′	dem Trainer, dieser schießt den Ball durch die Beine, der Torwart dreht sich in der Hüfte und wirft sich auf den Ball Übung A: Torwart sitzt auf dem Boden, Trainer wirft den Ball re. und li. oder neben oder vor und hinter den Torwart, dieser fängt die Bälle und kommt immer in die Sitzposition zurück Übung B: Torwart liegt auf der Seite, Arme gestreckt über dem Kopf, Trainer wirft Bälle zwischen Hüfte und Kopf leicht über den Torwart, dieser fängt die Bälle im Liegen und geht immer in die Ausgangsposition zurück	
Ausklang 10′	Fußballtennis Dehnen	

Kondition:
Taktik: Stellungsspiel
Technik: Ballannahme
Torwartspezifischer Trainingsschwerpunkt:
Rückpässe
Sonstige Trainingsschwerpunkte:

Geräte: 8 Bälle, 6 Hütchen

Dauer: 70 Min.
Methode: extensive Intervallmethode

38. Trainingseinheit

Zeit	Inhalt	Organisation
Aufwärmen 10´	Laufen mit Variationen Dehnen	
Hauptteil 45´	Übungsreihe: Torwart im Tor, Trainer steht an verschiedenen Positionen zwischen 20 m und 50 m entfernt und spielt Bälle in den Strafraum, nach 10–15 Bällen Torwartwechsel: Übung a: Torwart stoppt Bälle und spielt flache Bälle zum Trainer zurück Übung b: Torwart stoppt Bälle und spielt hohe Bälle zum Trainer zurück Übung c: Torwart spielt ohne Ballannahme flache Bälle zum Trainer zurück Übung d: Torwart spielt ohne Ballannahme hohe Bälle zum Trainer zurück, Trainer spielt Aufsetzer, halbhohe, hohe Bälle Übung e: Torwart stoppt Bälle und spielt flache Bälle zum Trainer zurück Übung f: Torwart stoppt Bälle und spielt hohe Bälle zum Trainer zurück Übung g: Torwart spielt ohne Ballannahme flache Bälle zum Trainer zurück Übung h: Torwart spielt ohne Ballannahme hohe Bälle zum Trainer zurück	
Ausklang 15´	Faustball Auslaufen Dehnen	

39. Trainingseinheit

Kondition:
Taktik: 1:1/Herauslaufen
Technik: Schusstechnik
Torwartspezifischer Trainingsschwerpunkt: Abschlag, Abstoß, Abwurf
Sonstige Trainingsschwerpunkte: Spielfreude, Wettkampfcharakter und torwartspezifisch
Geräte: 10 Bälle, 2 Tore

Dauer: 75 Min.
Methode: intensive Intervallmethode

Zeit	Inhalt	Organisation
Aufwärmen 15´	Ball führen, dribbeln, passen, jonglieren Dehnen Steigerungsläufe	
Hauptteil 10´	Technikschulung: Bälle fangen und schießen, flache, halbhohe und hohe Bälle auf den Torwart, gegenseitiges Warmschießen	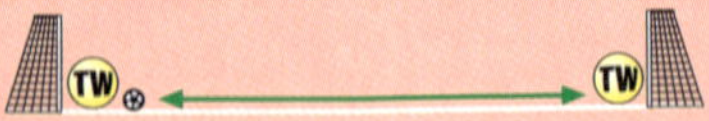
45´	Wettkampfspiele 1:1 auf 2 Tore mit 20 m Abstand, bis 10 Tore a: Schüsse vom Boden b: Schüsse aus der Hand c: Abwürfe d: 1:1 umspielen e): freie Wahl	
Ausklang 5´	Auslaufen Dehnen	

Kondition:
Taktik:
Technik:
Torwartspezifischer Trainingsschwerpunkt:

Sonstige Trainingsschwerpunkte:
Ausklang, Wettkampf fördern

Geräte: 10 Bälle

Dauer: 60 Min.
Methode: extensive Intervallmethode

40. Trainingseinheit

Zeit	Inhalt	Organisation
Aufwärmen 10´	Fangspiel Dehnen	
Hauptteil 30´	Gegenseitiges Warmschießen Wettkampfspiel mit Trainer und Torwarten 10 Bälle aus 16 m Entfernung auf das Tor, dabei Tore zählen, Angabe der Trefferzahl, Angabe der gehaltenen Bälle	
Ausklang 5´ 15´	Schattenlaufen Dehnen Besprechung, Rückblick, Ausblick mit Trainer und Torwarten	

Gordon Banks (S. 119) im Duell gegen Uwe Seeler.

Berühmte Torhüter

Dieses Kapitel erhebt keinen Anspruch auf Vollständigkeit, sondern es wird eine Auswahl aus erfolgreichen Torhütern getroffen. Torhüter wie Hans van Breukelen, Rinat Dassajew, Felix, Rene Higuita, Thomas N'Kono, Emerson Leao, Nery Pumpido, Thomas Ravelli, Walter Zenga u. a. könnten ebenso genannt werden. Es gibt heute viele Torhüter, die sich Ruhm verdient haben. Dazu gehören Jose Luis Chilavert, Jorge Campos, Bodo Illgner, Fabien Barthez, Angelo Peruzzi, Jacques Songo'o, Taffarel und Andoni Zubizarreta.

Banks, Gordon

30.12.1937
Bekannt wurde Gordon Banks, der mit seinen Vereinen keine nationalen Titel gewinnen konnte, erst im Zusammenhang mit der englischen Nationalmannschaft. Mit elf Jahren wechselte er von der Position des Stürmers ins Tor. Sein Aufstieg erfolgte von einer Werkself in die dritte englische Liga. Nach seinem Militärdienst ging er 1959 zu Leicester City und 1967 zu Stoke City. Mit der Nationalmannschaft nahm er an drei Weltmeisterschaften teil, wobei der Sieg von 1966 im eigenen Land seinen Namen unsterblich werden ließ. 1972 bestritt Banks sein letztes Länderspiel für England. Seine Karriere wurde durch einen Autounfall beendet, bei dem er ein Auge verlor (siehe S. 118).

Gilmar

22.8.1930
Der Brasilianer gewann mit der Nationalmannschaft 1958 und 1962 den Weltmeistertitel und nahm an den Weltmeisterschaften 1954 und 1966 teil. Auf Landesebene spielte er mit 20 Jahren für die Corinthians aus Sao Paulo und eroberte mit ihnen 1951 den brasilianischen Titel. 1961 wechselte Gilmar zum FC Santos und wurde dort neben Pele zweimal Südamerikanischer Meister und 1963 Weltpokalsieger. 1969 spielte er seine letzte Saison für den FC Santos. Von der Nationalmannschaft verabschiedete er sich in seinem 100. Länderspiel am 12.6.1969 mit einem 5:1 gegen England (siehe S. 8).

Grosics, Guyla

4.2.1926
86-mal war dieser Torwart für die ungarische Mannschaft im Einsatz. Er nahm an den Weltmeisterschaften 1954, 1958 und 1962 teil und gewann 1952 mit seinem Team in Helsinki olympisches Gold. Guyla Grosics begann mit zwölf Jahren Fußball zu spielen, und ein Ausfall des Mannschaftstorhüters zeichnete seine Karriere vor. Mit 18 Jahren stieg er mit Dorog in die erste Liga auf. Nach dem Abstieg 1947 wechselte Grosics zum Budapester Verein Mateosz. Hier wurde Honved Budapest auf ihn aufmerksam und nahm ihn 1952 unter Vertrag. Mit Honved gewann er drei nationale Titel. Aufgrund des ver-

Guyla Grosics (S. 119) beim WM-Finale 1954.

lorenen Endspiels bei der Weltmeisterschaft 1954 gegen Deutschland durfte Grosics zeitweise in der Heimat nicht mehr spielen. Erst 1956 hütete er für Tatabanya wieder das Tor. 1962 absolvierte er sein letztes Länderspiel für Ungarn und beendete danach seine Laufbahn (siehe S. 119).

Jaschin, Lew

22.10.1929 – 20.3.1990
Der Mann aus Russland wurde wegen seiner schwarzen Kleidung und seiner ausgezeichneten Sprungkraft auch »schwarzer Panther« genannt. Lew Jaschin begann seine sportliche Laufbahn als Eishockeyspieler und Fußballstürmer. Mit 15 Jahren kam er bereits zu Dynamo Moskau, wo er zum Torwart ausgebildet wurde. Mit 23 war er der Stammtorhüter bei Dynamo. 1954 spielte er das erste Mal für die Nationalmannschaft der UdSSR (7:0 gegen Schweden) und errang 1956 mit ihr in Melbourne olympisches Gold sowie 1960 die Europameisterschaft. Im Rahmen der Weltmeisterschaftsturniere von 1958 und 1962 wurde er zum besten Torhüter gewählt. Daneben holte er mit seiner Mannschaft fünf Landestitel und zweimal den Pokal. 1963 wurde Lew Jaschin Europas Spieler des Jahres, denn er musste in 27 Ligaspielen nur sechs Gegentreffer hinnehmen. Legendär sind noch heute seine Strafraumbeherrschung und die über 150 gehaltenen Elfmeter. Nach der Weltmeisterschaft 1979 mit 78 Einsätzen für die UdSSR und 20 Jahren als Stammtorhüter von Dynamo Moskau bestritt Jaschin im Mai 1971 sein Abschiedsspiel (siehe S. 12).

Jennings, Pat

12.6.1945
Pat Jennings stand für Nordirland bei 119 Länderspielen im Tor und absolvierte über 1110 Pflichtspiele. Schon mit 17 Jahren war er beim englischen Drittligisten FC Watford aktiv. 1964 nahm er das Angebot von Tottenham Hotspurs an und debütierte im selben Jahr in der nordirischen Nationalmannschaft gegen Wales. Mit Tottenham gewann er 1967 den englischen Pokal und auf der internationalen Bühne 1972 den UEFA-Pokal. Nach dem Abstieg der Spurs kam Jennings 1977 zu Arsenal London und blieb dort bis 1986. Mit 41 Jahren vom FC Everton unter Vertrag genommen, wurde er 1987 noch einmal Englischer Meister. Nachdem er bereits seinen Abschied aus der Nationalmannschaft genommen hatte, wurde er überredet, noch einmal für Nordirland zu spielen. Die Krönung seiner Laufbahn war dann die Weltmeisterschaft 1982 in Spanien und 1986 in Mexiko, wo Jennings gegen Brasilien (0:3) sein letztes Länderspiel bestritt (siehe S. 70).

Kahn, Oliver

1.6.1969
Oliver Kahn wurde 1999 zum Welttorhüter des Jahres gewählt. Seine Bundesligakarriere begann er beim Karlsruher SC, mit dem er internationale Spiele bestritt. Seit 1994 spielt er für den FC Bayern München und hat mit dem Verein schon mehrere nationale Meisterschaften sowie den DFB-Pokal gewonnen. International sind der Sieg im UEFA-Pokal 1996 und die Endspielteilnahme 1999 in der Champions-League seine bisher größten Erfolge.
In der Nationalmannschaft wurde Kahn nach der Weltmeisterschaft 1998 die Nummer 1 im Tor. Er zeichnet sich durch eine aggressive und konzentrierte Spielweise aus und ist im Duell gegen einen heranstürmenden Gegner meist der Überlegene (siehe S. 26, 73, 124).

Klos, Stefan

16.8.1971
Mit Borussia Dortmund war Stefan Klos, der durch seine ruhige und sichere Spielweise bekannt ist, national und international erfolgreich.
Neben den Meistertiteln 1995 und 1996 gewann er mit dem Verein 1997 gegen Juventus Turin das Endspiel der Champions-League und anschließend den Weltpokal gegen den Südamerikameister. In der Nationalmannschaft konnte sich Klos aufgrund der starken Konkurrenz nicht durchsetzen. In der Winterpause der Saison 1998/1999 wechselte er zu den Glasgow Rangers nach Schottland und verwies dort den finnischen Nationaltorhüter sowie den zweiten französischen Nationaltorhüter auf die Bank.
Mit den Rangers gewann Klos die schottische Meisterschaft und Pokal und versucht nun internationale Titel zu erkämpfen (siehe S. 65, 76).

Köpke, Andreas

12.3.1962
Hinter Bodo Illgner war Andreas Köpke jahrelang die Nummer 2 im deutschen Nationalteam. 1996 jedoch trug er erheblich zum Gewinn der Europameisterschaft in England bei. Nationale Titel konnte er nicht erringen, vielmehr spielte er jahrelang in abstiegsgefährdeten Vereinen wie Nürnberg und Frankfurt. Sein Wechsel zu Olympique Marseille war mit vielen Ungereimtheiten verbunden. Nach einem Kurzaufenthalt in Frankreich möchte Köpke mit seinen Leistungen dem 1. FC Nürnberg zum Aufstieg in die Bundesliga verhelfen. Herausragend sind vor allem seine Reflexe und sein Verhalten auf der Torlinie (siehe S. 25, 32, 124).

Lehmann, Jens

10.11.1969
Er gilt als ausgezeichneter Fußballtechniker und köpfte das bisher einzige Feldtor eines Torhüters in einem Bundesligaspiel. Mit dem FC Schalke 04 erreichte Lehmann nach langen, erfolglosen Jahren Mitte der 90er-Jahre wieder eine Spitzenplatzierung in der Bundesliga. International gelang ihm mit den Schalkern 1997 gegen Inter Mailand der UEFA-Pokalsieg. Im Sommer 1998 wechselte Lehmann zum AC Mailand, kehrte aber nach mäßigem Erfolg in der Winterpause zu Borussia Dortmund und damit in die Bundesliga zurück (siehe S. 66).

Maier, Sepp

28.2.1944
Der als »Katze von Anzing« weltbekannte Torhüter begann seine Fußballerlaufbahn als Stürmer. Erst in der B-Jugend wechselte er wegen einer Verletzung des Stammtorhüters ins Tor. 1959 kam er zum FC Bayern München und stand von 1965 bis 1979 473-mal im Bayern-Tor. In dieser Zeit hatte er auch 95 Einsätze in der Nationalmannschaft. Mit den Bayern gewann der dreimalige Fußballer des Jahres vier Landesmeisterschaften, viermal den DFB-Pokal, dreimal den Europapokal der Landesmeister, einmal den Pokalsiegercup und 1976 den Weltpokal. Mit der Nationalmannschaft eroberte er 1972 die Europameisterschaft und wurde 1974 Weltmeister. Seine Strafraumbeherrschung und seine Flugeinlagen machten Sepp Maier weltweit berühmt; daneben galt er im Verein wie auch in der Nationalmannschaft als beliebter Spaßmacher. Bis heute im Gedächtnis geblieben ist, wie er während eines Spiels einer Ente nachhechtete. Sepp Maiers Karriere endete 1979 früher als erwartet nach einem Autounfall (siehe S. 73, 75).

Pfaff, Jean-Marie

4.12.1953
Jean Marie Pfaff bestritt für Belgien 62 Länderspiele, das erste 1977 gegen Island. 1980 wurden die Belgier mit ihm Vize-Europameister. Die Weltmeisterschaft 1982 sowie die

Jean-Marie Pfaff (S. 122) als sicherer Rückhalt.

Europameisterschaft 1984 verliefen dagegen enttäuschend. 1986 wurde die belgische Nationalmannschaft in Mexiko Vierter und Pfaff zum Torhüter des Turniers gewählt. 1978 holte er mit dem SK Beveren den belgischen Pokal und ein Jahr später die Meisterschaft. Nach seinem Wechsel zum FC Bayern München im Jahr 1982 lenkte Pfaff im ersten Spiel für die neue Mannschaft einen langen Einwurf von Reinders von Werder Bremen ins eigene Tor. Mit den Bayern gewann er 1984 und 1986 den Pokal und von 1985 bis 1987 drei deutsche Meisterschaften. 1988 wechselte er nach Belgien zu Lierse SK und beendete seine Karriere 1990 beim türkischen Erstligisten Trabzonspor (siehe S. 56).

Schmeichel, Peter

18.11.1963
Der dänische Weltklassetorhüter wurde durch den Gewinn der Europameisterschaft 1992 in Dänemark weltweit bekannt. Mit Bröndby Kopenhagen gewann er mehrere Meisterschaften und Pokalsiege sowie mit Manchester United verschiedene englische Meisterschaften und den englischen Pokal. 1999 konnte er mit dieser Mannschaft vier Titel erobern. Neben der Meisterschaft und dem Pokal waren dies die Champions-League (Endspiel gegen den FC Bayern München, 2:1) und der Weltpokal gegen den Südamerikameister. Seit Beendigung der Saison 1999 lässt Peter Schmeichel seine Karriere in Portugal

bei Sporting Lissabon ausklingen. Überragend an ihm sind seine guten Reflexe und sein Herauslaufen aus dem Tor, bei dem er sich ohne Furcht mit vollem Körpereinsatz vor jeden Gegner stürzt (siehe S. 22, 28).

Schumacher, Harald »Toni«

6.3.1954
Bei Schwarz-Weiß Düren spielte Schumacher als Stürmer in der Jugendmannschaft. Mit zwölf Jahren stellte er sich dann ins Tor und wechselte erst als 19-Jähriger zum 1. FC Köln. Seine Bundesligakarriere begann 1977 mit dem DFB-Pokalsieg. 1978 wurde er mit Köln Deutscher Meister. 1979 debütierte er in der Nationalmannschaft und wurde 1980 mit der DFB-Auswahl Europameister. Die Weltmeisterschaften 1982 in Spanien absolvierte er mit seiner Mannschaft nur als Zweiter. Nachdem Schumacher 1987 sein Buch »Anpfiff« veröffentlicht hatte, in dem von Enthüllungen im deutschen Fußball die Rede ist, wuchs der Druck auf ihn und den 1. FC Köln. Nach seiner Entlassung schloss er sich 1987/88 dem FC Schalke 04 an, bevor er in die Türkei ging. Für wenige Spiele kam Schumacher 1991/92 nochmals zum FC Bayern München. Insgesamt bestritt er 463 Bundesliga- und 76 Länderspiele (siehe S. 72, 74).

Seaman, David

19.9.1963
Der englische Nationaltorhüter hat sich durch jahrelange hervorragende Leistungen auf der Insel einen guten Namen erarbeitet. Von den Queens

Die Nationalmannschaftskollegen von 1994: Oliver Kahn (S. 121), Bodo Illgner und Andreas Köpke (S. 122).

Park Rangers wechselte er zu einem Topklub in die Hauptstadt London. Mit dem FC Arsenal London konnte er schon mehrfach Englischer Meister und Pokalsieger werden. In der Nationalmannschaft musste er lange auf das Ende der Karriere von Peter Shilton 1990 bei der Weltmeisterschaft in Italien warten. Mit Seaman konnten die Engländer zwar noch keinen Titel erringen, sich aber auf seine guten Leistungen verlassen. Er ist ein ausgeglichener Torhüter mit einer unspektakulären Spielweise und genießt große Sympathie (siehe S. 30).

Shilton, Peter

18.9.1949
Der englische Rekordnationalspieler mit 125 Einsätzen startete bereits mit 16 Jahren in der Premier-League für Leicester City seine Laufbahn. 1967 wurde er Stammtorhüter in Leicester und machte 1970 sein erstes Spiel für England. 1974 wechselte Peter Schilton zu Stoke City, doch sein Durchbruch gelang international mit Nottingham Forrest, wohin er 1977 ging. 1978 wurde er mit seiner Mannschaft Englischer Meister, 1979 und 1980 Europapokalsieger der Landesmeister. Dem Aufsteiger Derby County schloss er sich 1987 an und wechselte zum Karriereende als Spielertrainer zum Zweitligisten Plymouth. Bemerkenswert war Shiltons Comeback 1995 mit 45 Jahren in der Premier-League. Mit der Nationalmannschaft konnte er nicht die großen Erfolge feiern. Entweder qualifizierten sich die Engländer nicht für eine Weltmeisterschaft (1974 und 1978) oder sie scheiterten kurz vor dem Ziel. Bei der Weltmeisterschaft 1986 in Mexiko wurden die Engländer von den Argentiniern mit 2:1 besiegt. 1990 verloren sie gegen Deutschland das Weltmeisterschafts-Halbfinale. Shiltons letztes Länderspiel war das um den dritten Platz gegen Italien, das 0:1 endete (siehe S. 20/21).

van der Sar, Edwin

29.10.1970
Der niederländische Torhüter konnte mit Ajax Amsterdam mehrere Meisterschaften und Pokalsiege erringen. Mit Ajax wurde er international bekannt. Mit der niederländischen Nationalmannschaft schied er im Halbfinale der Weltmeisterschaft 1998 in Frankreich gegen Brasilien aus. Seit der Saison 1999/2000 spielt er in Italien bei Juventus Turin. Edwin van der Sar ist der Typ des modernen Torhüters. Hervorzuheben sind seine ausgezeichnete Fußballtechnik und sein gekonntes Spiel hinter einer Viererkette (siehe S. 36).

Zamora, Ricardo

21.1.1901 – 18.9.1978
Mit 14 Jahren begann Ricardo Zamora bei Español Barcelona seine Karriere und wechselte bereits mit 18 zum FC Barcelona. Mit diesem Verein gewann er 1920 den spanischen Pokal und musste in drei Jahren nur zehn Gegentreffer hinnehmen. Eben-

Ricardo Zamora (S. 125) genießt das Zuschauerdasein.

falls 1920 errang er mit Spanien bei den Olympischen Spielen in Antwerpen die Silbermedaille und wechselte nach dem Pokalsieg 1922 wieder zu Español zurück. Die spanische Nationalmannschaft verlor mit ihm in den 20-er-Jahren kein Heimspiel. 1931 wurde Zamora für die Rekordsumme von 120 000 DM nach Madrid transferiert. Mit Real wurde er dann 1932 und 1933 Spanischer Meister und 1934 und 1936 Pokalsieger. Außerdem nahm er an der Weltmeisterschaft 1934 in Italien teil. Seine erste Heimniederlage mit den Spaniern musste er in seinem Abschiedsspiel gegen Deutschland (1:2) hinnehmen. Von 1936 bis 1938 spielte Ricardo Zamora dann noch in Frankreich für den OGC Nizza (siehe oben).

Zoff, Dino

28.2.1942

Der 112-fache Nationaltorhüter Italiens nahm an vier Weltmeisterschaften und vier Europameisterschaften teil. 1968 wurde er mit seiner Mannschaft Europameister und mit 40 Jahren in Spanien Weltmeister. Zoffs Karriere begann 1961 in Udinese. Über Mantua und den SSC Neapel kam er 1972 zu Juventus Turin. Mit dieser Mannschaft holte er sechsmal den italienischen Titel, zweimal den Pokal und 1977 den UEFA-Pokal. Der Mann im silbergrauen Trikot verpasste in elf Jahren kein Meisterschaftsspiel für Turin und beendete seine aktive Laufbahn mit der Saison 1983 (siehe S. 15).

Literaturverzeichnis

Auste, N.: Konditionstraining Fußball. Hamburg 1990[2]

Bauer, Lehrbuch Fußball. München 1997

Bauer, G.: Richtig Fußball. München 2000[8]

Baur, J. (Hrsg.): Motorische Entwicklung. Schorndorf 1994

Beckmann, R./Böttcher, S.: Liebesleder. München 1996

Bisanz, G./Gerisch, G.: Fußball. Hamburg 1988

Brüggemann, D.: Kinder- und Jugendtraining. Schorndorf 1988

Bruggmann, B.: 766 Spiel- und Übungsformen für den Fußball-Torhüter. Schorndorf 1991

Döbler, E. und H.: Kleine Spiele. Berlin 1994

Freiwald, J.: Aufwärmen im Sport. Hamburg 1991

Frey, G.: Einführung in die Trainingslehre. Schorndorf 1994

Funcke, M.: Fußball. München 1989

Grosser, M. Starischka, S./Zimmermann, E.: Das neue Konditionstraining. München 2000[8]

Grosser, M./Zintl, F.: Training der konditionellen Fähigkeiten. Schorndorf 1994[2]

Hamsen, G./Daniel, J.: Fußball Jugend Training. Hamburg 1990

Cramer, D./Jackschath, B.: Fußballpsychologie. Aachen 1995

Hoek, F.: Der Fußball-Torwart. München 1998

Huba, K.-H.: Fußballweltgeschichte. München 1999[2]

Jonath, U./Krempel, R.: Konditionstraining. Hamburg 1991

Knebel, K.-P./Herbeck, B./Hamsen, G.: Fußball Funktionsgymnastik. Hamburg 1988

Lammich, G./Kadow, H.: Spiele für das Fußballtraining. Frankfurt 1998[5]

Martin, D.: Handbuch Trainingslehre. Schorndorf 1993[2]

Mayer, R.: Fußball Trainieren. Hamburg 1996

Clemens, F. u. a.: Die 100 des Jahrhunderts – Fußballer. Hamburg 1996

Meinel, K./Schnabel, G.: Bewegungslehre – Sportmotorik. Berlin 1987

Mühlfriedel, B.: Trainingslehre. Frankfurt 1994

Obermann, H./Walz, P.: Fußball. Niedernhausen/Taunus 1986

Röthig, P./Größing, S.: Kursbuch 2. Trainingslehre. Wiesbaden 1993

Schnabel, G. (Hrsg.): Trainingswissenschaft. Berlin 1994

Starischka, S.: Trainingsplanung. Schorndorf 1988

Steindorf, G.: Grundbegriffe des Lehrens und Lernens. Bad Heilbrunn/Obb. 1991

Thissen, G./Röllgen, K.: Torwartspiel im Fußball. Wassenberg 1994

Weineck, J.: Optimales Training. Balingen 1997